LE PENSEUR MALGRÉ LUI

On peut rire de tout mais on n'est pas obligé

Du même auteur

Les Euphorismes de Grégoire, 2006, Max Milo.

Les Douze « Moi » de Grégoire, 2007, Max Milo.

Les Nouveaux Euphorismes de Grégoire, 2009, Max Milo.

Euphorismes, 2011, Max Milo.

23, rue du Cherche-Midi
75006 Paris
Vous pouvez consulter notre catalogue général
et l'annonce de nos prochaines parutions sur notre site :
www.cherche-midi.com

Grégoire LACROIX

LE PENSEUR MALGRÉ LUI

On peut rire de tout mais on n'est pas obligé

Préface de Nicolas d'Estienne d'Orves

cherche midi

Sommaire

Préface

La forme brève est une spécialité française. Au pays de La Bruyère, de La Fontaine, de Chamfort, d'Allais, de Fénéon, de Morand, de Marcel Aymé, on sait tant dire en peu de mots. Les grandes phrases, à d'autres ! Peu importe que la flèche soit courte pourvu qu'elle vise juste. L'essentiel est de parvenir au cœur de la cible, avec la précision d'une lancette et la vigueur d'un éclat de rire. Cet art du raccourci saisissant, de l'humour concentré et du mot terriblement juste, Grégoire Lacroix le maîtrise avec une troublante virtuosité. À se demander s'il existe vraiment ; s'il n'est pas lui-même un personnage sorti de ses fables express, de ses moralités exemplaires, de ses contes en quelques lignes, drolatiques et singuliers, potaches et savants, habiles, sincères. Le plus étonnant, c'est que tout cela semble une respiration naturelle. Dans l'humour, le plus grand danger, ce sont les ficelles.

Avec Grégoire Lacroix, le rire coule de source, aux antipodes de tout artifice. Styliste du calembour et de la farce élaborée, l'humoriste nous rappelle qu'il pratique une discipline proche de l'alchimie, où tout est question de dosage et de magie.

Je pourrais en écrire encore beaucoup sur ces savoureuses pépites.

Mais ce ne serait pas faire honneur à ce Paganini de la brièveté. Laissons-lui plutôt la parole : il ne la prend jamais trop longtemps.

Ce qui s'appelle l'élégance…

Nicolas d'Estienne d'Orves

C'est quoi, ce livre ?

Je me suis demandé quel mot pourrait le définir : recueil, miscellanées, anthologie, compile, florilège, sélection des meilleurs best of, pot-pourri, fourre-tout, melting-pot, etc. Finalement, j'ai pensé à « patchwork ».

Ce mot bien français désigne une façon astucieuse d'assembler des pièces de tissus hétéroclites et généralement très mal assorties. Ce n'est peut-être pas le même tissu mais, à la fin, cela peut faire une belle couverture, même pour un livre.

Les éléments disparates, ce sont : des pensées, des fables express, des articles, des extraits de livres publiés ou à publier, des poèmes ; la trame, c'est une certaine forme d'humour, un goût pour la libre pensée, une absence de prétention littéraire et le souci permanent de ne pas se prendre au sérieux.

Pourtant, la tâche n'en est pas moins ardue. On parle volontiers de l'angoisse de la page blanche, mais ce n'est rien à côté du tourment face à la page qu'on vient d'écrire. La page blanche, vierge de mots, est un espace de liberté ouvert à tous les possibles ; la page écrite, elle, est cernée, vulnérable.

Terreau idéal pour le doute, elle est, à peine née, déjà offerte au couperet affûté de l'autocritique...

D'ailleurs, après relecture de mon manuscrit, et si ce que l'on écrit révèle ce que l'on est, je me sens bien mal parti.

Prolongeant les 3 A de l'Académie Alphonse Allais, je me trouve Approximatif, Aléatoire, Absurde... mais j'assume ! On est là pour jouer, en vrac, entre amis, avec des mots, des idées, des images, et j'espère que chacune des pièces de ce patchwork donnera au lecteur quelques bonnes raisons de sourire... et l'envie de découvrir la page qui suit.

Glossaire

PENSÉES ULTRAVAGANTES

Aphorismes, maximes, sentences ? Ou facéties verbales ?
Peu importe, ce sont des phrases courtes qui, jouant avec les mots, les idées ou les deux, essaient de faire sourire ou réfléchir.

TEXTES ALLAISIENS

Cet intitulé n'a aucune prétention d'équivalence avec le grand Alphonse. Juste une idée de filiation pour des textes écrits pour ou inspirés par l'Académie Alphonse Allais.

EXTRAITS

Pages extraites de livres publiés, à paraître ou impubliables.
On y retrouve le côté multidirectionnel, voire insaisissable, de l'auteur.

FABLE EXPRESS

Court poème qui, en deux ou quatre vers, raconte une histoire dont la conclusion (moralité) revêt généralement la forme d'un calembour insoutenable.

Grégoire LACROIX

POÈME CHEVELU

Offert gracieusement par l'éditeur.
Ce texte, traduit du français par l'auteur, fut écrit pour la revue postsurréaliste *Supérieur Inconnu*.
Œuvre maîtresse de la poésie contemporaine, très contestée à l'origine, elle continue d'alimenter la polémique quant à sa portée intrinsèque.
Le lecteur sera juge.

PENSÉES ULTRAVAGANTES

Il est plus facile
de séduire mille femmes
que de séduire
mille fois la même.

∽

Comment la nuit peut-elle
tomber d'un coup sur l'océan
sans faire la moindre éclaboussure ?

∽

Ceux qui attendent le silence
pour se faire entendre
doivent s'armer
d'une longue patience.

∽

Partir ailleurs est une expression
bien pompeuse
pour dire simplement
qu'on change d'endroit.

∽

On arrive souvent à se mettre d'accord
sur l'urgence de s'inquiéter,
mais très rarement
sur les motifs de cette inquiétude.

Les malheurs qui nous arrivent
sont encore plus pénibles
quand on ne trouve personne
à désigner comme responsable.

Méfions-nous de l'eau qui,
en nous désaltérant,
nous prive des plaisirs de la soif.

S'extasier sur ses propres idées
est un passe-temps très répandu.

On s'aime vraiment
quand le silence qui suit l'amour
est encore de l'amour.

Il faut savoir
pardonner aux femmes
les fautes qu'elles
nous reprochent à tort.

Quand on m'apprend la disparition
d'une espèce animale
dont j'ignorais l'existence,
j'ai un mal fou à me sentir concerné.

Le monde est vraiment petit.
J'ai si souvent croisé le sosie
de l'homme invisible.

On est toujours beau
quand on est amoureux.

C'est en voyant pour la première fois
la surface si lisse d'un lac que j'ai compris
d'où venait l'eau plate.

J'ai découvert qu'en anglais
week-end, cool et sexy ça se dit
week-end, cool et sexy.
C'est vraiment une langue facile!

Si Ève avait séduit Adam avec
une châtaigne au lieu d'une pomme,
beaucoup d'hommes
auraient bien du mal pour avaler.

Quand on voit sur nos pulls
la façon dont elles se régalent de la laine,
on se demande pourquoi les mites
n'ont pas directement élu domicile
sur le dos des moutons.

L'opus est à l'octopus
ce que le prologue est au proctologue.

J'aurais aimé être ce genre d'homme
qui se sent attendu partout,
même quand il arrive à l'improviste.

Quand elle vient de la droite,
une flûte traversière
est aussi prioritaire.

Moïse était tellement myope que,
quand Dieu lui a tendu
les Tables de la Loi,
il a cru que c'était le menu du déjeuner.

Dans un pays sans fleuves
comme l'Arabie saoudite
personne ne fait le pont.

Aussi révolutionnaire
que l'on soit, on est toujours
le bourgeois de quelqu'un.

Les blessures d'amour-propre
pourraient rester bénignes
si elles n'étaient envenimées
par des frustrations
ou des rancœurs passées.

Il paraît que les trous de serrure
se révoltent d'être exclusivement considérés
comme auxiliaires du voyeurisme.

Il ne faut pas perdre son temps avec ceux
qui croient qu'il suffit de se compliquer
la vie pour la rendre intéressante.

Quand je fuis les responsabilités
ce n'est pas par lâcheté,
mais parce que j'estime
qu'elles ne sont pas dignes de moi.

Il est tellement stupide
que tout ce qu'il dit
peut être retenu contre lui.

C'est fou cette faculté qu'ont les femmes
d'occulter le reste du monde
pour y substituer des obsessions
ponctuelles, voire dérisoires.

J'aimerais savoir où les peintres touristiques
ont bien pu trouver le tube de couleur locale
qui fait leur succès.

On ne me fera jamais croire
que la lumière d'une chandelle
va aussi vite que celle d'un flash.

Quand je chante sur scène, je perçois
très bien les réactions du public.
Mais je continue quand même.

Le fer se croit protégé
par la rouille qui le ronge.

Ne rions pas des marionnettes,
elles ont des relations haut placées.

Le chêne de mon jardin
m'est devenu si familier
que je l'appelle par son prénom.

Si le fleuve d'une révolution
évite parfois de se jeter
dans l'océan de la dictature,
il n'évite jamais
celui de la bureaucratie.

Un cardinal désorienté a toujours
besoin de faire le point,
alors qu'un point n'est jamais désorienté
quand il est cardinal.

Évitons de confondre
thèses opposées
et erreurs symétriques.

La démocratie, c'est la liberté
de dire qu'on en manque.

J'ai toujours aimé l'endroit
où les rivières se rejoignent.
De même pour les jambes des femmes.

Il n'est pas nécessaire de partir très loin
pour être ailleurs.

Curieusement, le fou rire,
bien que plus sonore,
dérange moins que les sanglots.

J'avais très envie d'aller chatouiller
cette jolie baigneuse britannique,
mais je ne l'ai pas fait :
je ne savais pas comment
on dit guili-guili en anglais.

Il y a des moments où je suis
tellement sûr de détenir la vérité
que je voudrais la clamer au monde entier.
Malheureusement, je crois qu'il s'en fout.

Quand on voit sa surface
picorée par la pluie, on se demande
si le lac n'a pas envie de se gratter.

Je suis très opportuniste.
Quand je me réveille en pleine nuit
et que je prends conscience d'être couché,
j'en profite pour faire une bonne sieste.

Si tu te fais des cendres
c'est que le tabac t'abat.

Les gens qu'on aime
prennent plus de place absents
que lorsqu'ils sont là.

En matière de livres,
j'ai un grand principe :
je ne lis que ceux qui m'ont été
dédicacés par l'auteur.
Cela m'a mis à l'abri de Balzac, Proust
et pas mal d'autres.

Se prétendre expert en astrologie
permet de dire à son interlocuteur
tout le mal qu'on pense de lui
en se retranchant derrière des planètes
qui n'y sont pour rien.

Moins il y en a, mieux ça marche.
C'est le principe de l'homéopathie
couramment appliqué en affaires,
à propos de l'honnêteté,
et en politique, à propos de la loyauté.

Il y a quand même une justice :
le vampire qui, la nuit dernière,
a aspiré près d'un litre de mon sang,
a été arrêté ce matin pour
conduite en état d'ivresse.

Au cours de mon existence
j'ai pu sortir indemne de nombreux
affrontements violents
grâce à ma maîtrise opportune
du silence réprobateur.

Comment savoir si un compromis
est une demi-victoire
ou une demi-défaite ?

À bord du TGV lancé à pleine vitesse,
je regarde avec envie ces villages
qui semblent si calmes
mais qui ne le sont pas
puisque le TGV passe si près.

Parfois, on appelle imprévu un événement
dont on connaissait les causes
sans imaginer qu'elles pouvaient
avoir de telles conséquences.

Je suis très large d'esprit. Par exemple,
en avion, quand je voyage en « éco »
je trouve que ceux qui sont en « business »
ont tous des têtes à claques.
Mais, et c'est là mon point fort,
quand je voyage en « business »
je fais un réel effort pour ne pas mépriser
ceux de la classe « éco ».

Partir en catimini
ne veut pas dire que l'on s'enfuit
dans une voiture de taille réduite.

C'est un plaisir délicieux
que de jouer les timides
face à une femme dont on sait
qu'elle est déjà conquise.

Certains ont l'esprit tellement ouvert
que les idées ne font que passer.

Les guerres médiévales préfiguraient
les grands tournois sportifs actuels.
À cette époque déjà il fallait
recourir aux prolongations
pour désigner le vainqueur.
Ce qui explique pourquoi
la guerre de Cent Ans en a duré cent seize.

Médiatiquement parlant,
l'odeur de sainteté
n'aura jamais le même succès
que le parfum du scandale.

Tous les paradis sont artificiels.

Saint Lazare devrait être
le patron des jeunes mariés.
Parce que, comme Lazare, la vie de garçon
que l'on vient d'enterrer est capable
de ressusciter dans de très courts délais.

Il y a des pays où le sens de l'humour
est un sens interdit.

Il subsiste malheureusement en France
un lieu où les saltimbanques
sont toujours traités avec mépris.
C'est l'Opéra, où l'on met
tous les musiciens
dans une fosse commune.

Il est scandaleux que certains
fassent leur beurre
en vendant des produits
à 0 % de matières grasses.

Il y a des escrocs qui vous feraient croire
qu'un cheval blanc est un zèbre albinos.

Chacun a le visage qu'il a,
mais il y en a qui exagèrent.

Ce n'est pas grave d'avoir perdu le nord
si l'on sait où est le sud.

Les ours hibernent pendant six mois
et passent le restant de l'année
à raconter leurs rêves.

On peut s'inquiéter sur sa santé
quand on voit ses enfants
cesser progressivement de l'être
pour, peu à peu, devenir des héritiers.

Miracle de la science : on vient enfin
de mettre au point une hormone
de croissance grâce à laquelle les bonsaïs
pourront, en peu de temps,
atteindre la taille d'un arbre normal.

Il est moins risqué de mettre
le pied sur un parchemin
que la main sur un marchepied.

Ceux pour qui l'insomnie
est un vrai cauchemar
n'ont qu'à se réveiller pour que ça cesse.

Il y a des malentendants
qui n'ont jamais
entendu parler de surdité.

Zorro est ce personnage paradoxal
qui met un masque pour être sûr
qu'on le reconnaisse.

Les apôtres qui manifestaient leur soutien
à Jésus étaient douze selon les syndicats,
et six selon la police.

La vérité, c'est un mensonge
qui s'est dégonflé au dernier moment.

Vu mon état de santé,
je crois qu'on me remettra
la médaille de la longévité
à titre posthume.

C'est statistiquement prouvé:
trois Français sur quatre ignorent
qu'il y en a probablement
un cinquième.

Les animaux peuvent être très sectaires.
On a déjà vu un chat dormir
en chien de fusil,
mais jamais l'inverse.

Entre deux péchés délicieux
mais mortels, choisissez celui qui
a le meilleur rapport plaisir/pénitence.

Déclarer son amour dans une langue
qu'on maîtrise mal, c'est comme
jouer de la guitare avec des moufles.

Le métronome, c'est l'essuie-glace
des erreurs de tempo.

Quand on n'a plus de projets, on s'ennuie
comme une valise fourrée au grenier
entre deux voyages.

Il ne faut pas arriver trop tôt à un concert.
On risque d'applaudir bêtement
l'accordeur de piano.

Ce qui me rassure,
c'est que mes écarts de conduite
n'ont jamais empêché le monde de tourner.

Je me demande si l'intérieur d'une noix
n'est pas la reproduction, grandeur nature,
du cerveau de l'inventeur du bonsaï.

On a le droit d'être rancunier.
Mais, à partir d'un certain âge,
ça ne vaut vraiment plus la peine.

Le principe de précaution
nous prive des belles émotions
que procure l'incertitude.

On pourrait imaginer une assurance
pour ceux qui perdent régulièrement
une bonne occasion de se taire.

Tout va mal, certes,
mais si tout allait bien
est-ce que ça irait vraiment mieux ?

Un projectile
peut-il quitter sa trajectoire
sans autorisation ?

Quand mon voisin
vide ses ordures dans ma poubelle,
je considère que c'est
une violation de domicile.

Tout pouvoir
qui n'est pas personnel
n'existe pas.

Quand on ne m'a pas rendu à temps
l'argent que j'avais prêté,
ma réaction est immédiate :
je fais un trait dessus.

Quand le fleuve est beau,
les affluents sont heureux
de s'y perdre.

Je suis assez fier de moi :
la modeste ville où j'ai vu le jour
est devenue, pour moi
et grâce à moi, natale.

Le paléontologue est un scientifique
dont le domaine de recherche
est très vaste puisqu'il s'intéresse
à tous ceux qui ne s'appellent pas Léon.

J'ai conseillé à mon fils
de devenir acrobate :
c'est un job à tremplin.

Il suffit parfois d'une dérisoire
satisfaction d'amour-propre
pour faire oublier une
cuisante humiliation.

Un conseil :
ne testez jamais vos freins
au bord d'une falaise.

Les aigles naissent avec une très bonne vue
parce qu'ils savent que,
d'oreilles n'ayant pas,
il leur sera impossible
de porter des lunettes.

Ce n'est pas juste :
je m'inquiète pour l'avenir
alors que lui se fout pas mal de moi.

Dans ce monde
de fausses certitudes
le doute est une friandise
dont on aurait tort de se priver.

Les rêves brisés,
c'est comme les essuie-glaces,
on ne les répare pas,
on les remplace.

La double peine,
c'est d'être à la fois con
et conscient de l'être.

Il y en a qui se prennent
pour des aventuriers sous prétexte
qu'ils rêvent de prendre le large
sans quitter le port.

Parfois, je sors de la nuit
comme du ventre d'une mère porteuse.
Porteuse de conseils, bien sûr…

En création artistique,
les droits sont réservés,
mais pas les tordus.

Les brunes sont vertueuses,
les blondes sont tueuses seulement.

Au restaurant de la vie
c'est le menu du jour qui m'intéresse,
pas celui du lendemain,
et encore moins celui de la veille.

Je ne suis pas radin,
mais je préfère prodiguer quelques mots
amicaux plutôt que faire l'aumône
d'un pourboire humiliant.

S'il existait des cintres adaptés
on pourrait ranger son piano
dans la penderie.

Quand un poulet me semble orphelin,
je me demande s'il ne serait pas né
d'un œuf de Pâques non trouvé
de l'année dernière.

Il y a des personnages
à qui je n'ai aucune envie
d'être sympathique.

Si, plongé dans un liquide, vous ressentez
une forte poussée du haut vers le bas
c'est que quelqu'un vous veut du mal.

Il serait judicieux de combiner
les jeux de bridge et de roulette russe,
il y aurait bien plus de suspense
pour savoir qui fera le mort.

J'ai toujours eu de l'admiration
pour ces gens qui savent être catégoriques.
Jusqu'au jour où je me suis aperçu
qu'ils l'étaient plus par ignorance
que par compétence.

Les scientifiques sont des gens affligés
par le besoin maladif de tout expliquer.

On peut toujours se réjouir
d'une solution qui règle
un autre problème que celui posé.

Très souvent,
ceux qui ne paient pas de mine
ne paient rien d'autre non plus.

On supporte mal que le soleil des autres
nous fasse de l'ombre.

Ce ne sont sûrement pas les psys
qui ont inventé la manivelle
à remonter le moral.

Certains comprennent très tôt
que la vie n'a aucun sens.
Cela leur permet d'avoir, très jeunes,
un comportement de vieux con.

Tout bilan est provisoire.

S'apitoyer sur son sort
peut devenir un réel délice quand
l'imagination donne un peu d'envergure
à de maigrichonnes raisons de pleurnicher.

On rencontre dans les affaires
des pit-bulls qui savent très bien
trouver refuge dans les niches fiscales.

« Navré », c'est ce que dit un homme
qui est désolé mais qui s'en fout.

Quand, dans un couple,
on a fait le constat que l'on peut très bien
se passer l'un de l'autre,
une parfaite harmonie devient possible.

Quand je vois la médiocrité
du similicuir, je voudrais dire
toute mon admiration pour la vache.

Ils refusent le nucléaire,
mais ils sont prêts à tout pour
défendre les nagasakis sociaux.

Ceux qui créent de faux problèmes
sont toujours les premiers à s'indigner
que l'entourage mette tant de temps
à trouver les solutions.

Goulasch, plat dont on parle au singulier
car si l'on dit : « C'est des goulaschs »,
hongrois que c'est immangeable.

L'obsession d'être original
peut faire tomber dans les pires banalités.

Récemment, je me suis surpris
à avoir un comportement paresseux.
Mais mes amis m'ont vite rassuré :
j'ai toujours été comme ça.

Mourir, c'est comme une piqûre
de moustique : c'est désagréable
sur le moment, mais le lendemain
on n'y pense déjà plus.

J'éprouve une certaine tendresse
pour ces femmes qui me manquent
sans le faire exprès.

C'est quand elles n'ont besoin de rien
que le shopping des femmes
coûte le plus cher.

En ce moment, je souhaiterais
que l'humanité entière disparaisse,
et en particulier mon voisin, M. Michalon,
qui ne m'a toujours pas rendu le plan
du métro que je lui ai prêté avant-hier.

Il y a des situations où je me sens désarmé
comme un manchot devant une brouette.

Il n'est pas sûr que conduire son tracteur
en manteau de vison soit un bon symbole
de la réussite paysanne.

Les moulins à vent sont devenus
des éoliennes après.

Quand je prends un plaisir étrange
à m'ennuyer, je me demande
si je m'ennuie vraiment.

Quand l'horizon n'est pas en face
mais tout autour,
on n'est peut-être pas perdu,
mais on est sûrement loin de tout.

Pour les sourds, offrir une minute
de silence, c'est de la petite monnaie.

En matière de danger, la satisfaction
de savoir n'atteint pas le plaisir
réconfortant d'ignorer.

Après avoir clamé que tous les piétons
sont des cons, l'automobiliste
n'ose plus descendre de voiture.

Comme j'aime le jambon,
J'ai choisi une religion
qui n'interdit pas le porc.

Il est quand même étonnant
qu'un couteau suisse
ne donne même pas l'heure...

À force de me désopiler moi-même
je suis devenu mon meilleur ami.

Je suis assez énervé à l'idée
que mon voisin pense
que j'en suis un moi-même.

Il y a des éclats de rire
qui valent une année de bonheur.

Il ne suffit pas d'être naturel,
il faut être authentique.

Comment fait le ver solitaire
pour se reproduire ?

Deux hommes, face à face,
et qui se détestent
ont quand même un point commun :
la distance qui les sépare.

Tous les hommes sont, par nature,
des hommes à femmes.
Ce sont les circonstances
qui décident de l'étendue de leurs exploits.

Qui ne risque rien n'a rien
et celui qui n'a rien ne peut pas
risquer grand-chose…

Je me serais bien mis au travail,
mais j'avais peur de prendre
la place d'un chômeur.

Je lui dois la vie mais,
si c'est une vie de con,
dois-je vraiment le remercier ?

Quel régal que de donner
des explications obscures sur un sujet
dont on ignore tout à quelqu'un
qui fait semblant de comprendre!

Le coût d'un plein d'essence
dépend du prix du litre, mais surtout
de la quantité qui restait dans le réservoir.

Ma femme a un problème de couple,
mais pas moi...
Est-ce normal, docteur?

Ce que les Français veulent,
c'est que les hommes politiques cessent
d'utiliser la formule
« Ce que les Français veulent »
pour exprimer un point de vue
exclusivement personnel.

J'ai su que je ne deviendrais jamais riche
le jour où j'ai constaté que le seul moyen
qui me restait pour faire des ronds
c'était un vieux compas.

Nous sommes tous
des intermittents du bonheur.

Quand on a contracté une dette,
il est très difficile de la décontracter,
surtout si elle est lourde.

On doute de la supériorité des jeunes
quand on les voit chercher l'endroit
où mettre les piles sur un cadran solaire.

J'ai regardé mon chien avec plus
de tendresse quand j'ai compris que,
pour lui, remuer la queue
était sa façon de m'applaudir.

Contrairement à ce qui se dit,
la population rajeunit.
La preuve : dans toutes les associations
où je m'inscris, je suis immédiatement
reconnu comme le doyen.

J'hésite à rendre ma femme heureuse ;
elle rayonne alors d'une telle séduction
que je ne pense plus qu'à une chose :
la rendre heureuse.

On le flatte en le prenant
pour un fou dangereux.
En fait, ce n'est qu'un sot périlleux.

Le dernier à avoir vu passer une balle
perdue est rarement en état de le dire.

Les grands compositeurs sont des surdoués.
Jean-Sébastien Bach
a passé le sien avec mention.

J'ai l'ouïe si fine
qu'elle ne laisse plus rien passer.

J'ai décidé de progresser
au lieu de vieillir.

Ceux qui prennent la gentillesse
d'un homme pour de la naïveté
sont ces autistes qui prennent
la douceur d'une femme
pour de la faiblesse.

Ça pique la curiosité quand on découvre
que son arbre généalogique est un cactus.

Je dois être mauvais comédien :
quand je décide de jouer au con,
mon entourage ne fait même pas
la différence.

L'éventail, c'est l'accordéon
des courants d'air.

La vie est un labyrinthe
qui a beaucoup d'entrées et une seule sortie.

Je n'ai réalisé aucun
de mes rêves de jeunesse
et je suis quand même heureux.
Est-ce que je dois m'excuser ?

Le ballon de rugby,
c'est un œuf de pack.

C'est fou de penser qu'il suffit
d'un bref moment d'inertie
pour que rien ne se passe.

Elle mériterait mieux que moi,
mais je ne suis pas sûr que ça existe.

Il a l'humour tellement discret
qu'on dirait qu'il n'en a pas.

On a le droit de tout dire,
mais on n'est pas obligé de tout écouter.

Ce qui rend les poissons tristes
c'est que, quand ils pleurent,
personne ne s'en aperçoit.

C'est fou comme une langue
peut donner de l'allure à un concept.
Ainsi le « pot de Jacques » sonne bien terne
à côté du clinquant « Jack pot ».

Pourquoi la mer se fatigue-t-elle
à faire des vagues la nuit
quand personne ne regarde ?

Quoi qu'en disent les militants,
les poissons rouges
ne sont pas forcément « de gauche ».

Le bazar voisin a fait une réduction
de 30 % sur les échelles :
il y a sept barreaux au lieu de dix...

Non seulement je partage votre opinion,
mais je la partage en douze :
j'en prends une part
et je vous laisse le reste.

En prenant de l'altitude, on accumule
une énergie potentielle qui sera restituée
à la descente.
Notons cependant que, si cette descente
est une chute du 6e étage,
cette énergie ne nous sera rendue
qu'au moment du contact avec le sol,
et ça peut faire très mal.

Les femmes, c'est comme les ordinateurs,
on n'utilise que 10 % de leur potentiel.

Quand quelqu'un me déçoit,
est-il vraiment le seul responsable ?

Il y a des gens qu'on est impatient
de ne plus revoir.

On aurait moins peur
du hasard ou du destin
si on leur donnait leur vrai nom :
trajectoires et rencontres.

L'amour est-il forcément aphrodisiaque ?

Compter sur l'avenir pour résoudre
les problèmes du présent,
c'est comme commander un plat
sur le menu du lendemain.

Sentant qu'elle s'ennuyait un peu
dans ce corps où elle vit depuis bien
longtemps, j'ai offert à mon âme
une résidence secondaire : le rêve.

Rien ne fait rire tout le monde.

De l'intérieur ou de l'extérieur,
le destin d'un œuf c'est d'être cassé.

Les idéologies sont la plupart du temps
des idéalogies qui s'appuient naïvement
sur une utopique perfection humaine.

Du passé on peut faire
soit un boulet que l'on traîne,
soit une accumulation de vécus sur laquelle
on grimpe pour voir un peu plus loin.

S'il faut que nous randonnions
ce sera en file indienne, bien sûr…

« Boire sans être vu » :
devise des Alcooliques Unanimes.

Mes opinions n'engagent que moi,
et encore…

L'argent pourrit tout...
... mais moins que la politique.

Il n'est pas nécessaire d'être con
pour se conduire comme un.

Une femme, très touchée par la mort
de son père, le sera probablement beaucoup
plus par celle de la mère de son fils.

Elles croient aimer le champagne.
En fait, ce qu'elles aiment, c'est les bulles.

Être riche n'est un péché que si
cela rend méprisant au lieu de généreux.

Je suis personnellement très quelconque,
mais là où je me distingue,
c'est dans ma façon de réagir
quand on me le fait remarquer:
je gifle.

Pour les femmes, ranger c'est
« tout de suite », alors que pour les hommes
c'est le « moment venu », avec cette
question sans réponse :
« À quoi reconnaît-on qu'un moment
est "venu" ? »

Il est tellement stupide
qu'on a dû lui rappeler que,
dans les hot dogs, la saucisse se met
dans le sens de la longueur.

On se demande comment les galériens
soignaient leurs ampoules aux mains.

Si, pour sonner la charge,
on prenait une harpe au lieu d'un clairon,
les guerres seraient bien moins meurtrières.

Dans la préparation
des cuisses de grenouilles,
ce qui prend le plus de temps
c'est d'enlever les porte-jarretelles.

J'ai refusé l'incinération
quand j'ai su que le four du crématorium
était de marque italienne:
je ne voulais pas que ma fin
soit celle d'une pizza.

Femme fatale, elle traverse la vie
avec l'innocence meurtrière
d'une balle perdue.

Dieu a créé un métal, le plomb,
dont la seule mission est de peser lourd.

C'est quand il est dans une chaussure
ou dans un sandwich que le sable révèle
sa grande capacité de nuisance.

Bien souvent on oublie que,
pour découvrir de nouveaux horizons,
il n'est pas nécessaire de changer
de résidence: il suffit de changer de fenêtre.

On ne peut pas tout diviser :
un demi-trou c'est encore un trou.

Une chanson, c'est un poème qui a pris l'air.

La vie n'est qu'une brève
saute d'humeur de la matière.

Je fuis ces gens qui s'imaginent
que leur monologue est une conversation.

Parfois, ce ne sont pas les journalistes
qui ont tort mais les événements.

En ce moment, je suis
dans une mauvaise passe.
Je sens que je devrais me poser des
questions, mais je ne sais pas lesquelles.

Elle est ce genre de femme
qui ne veut pas qu'on la touche.
Comme si elle venait d'être peinte.

Je suis si vieux
que je pourrais être mon père.

Le plus grave, ce n'est pas de commettre
des erreurs, c'est surtout la façon
dont les autres les exploitent.

Jésus aimait les pauvres.
C'est normal, c'était son fonds de
commerce.

Participant à la lutte contre l'obésité,
l'Église a réduit d'un quart la taille
des hosties.

À cause de l'Internet
l'impression de savoir est devenue
une drogue très répandue.

J'applaudirais volontiers cette belle formule :
« L'enfer, c'est les autres »
si je n'avais pas la certitude d'en faire partie.

On est esclave de ce que l'on possède.
Vous imaginez ma liberté !

Il y en a qui se disent gonflés à bloc,
mais ils ne savent pas de quoi.

L'humanité est une grande chaîne
dont tous les maillons sont faibles.
C'est ce qui la rend d'autant plus
attachante.

J'ai la certitude d'être éternel.
En tout cas jusqu'à demain…

Elle s'éloignait peu à peu.
J'ai cru que je ne lui donnais pas assez.
En fait, je n'exigeais pas assez d'elle.

À cause du réchauffement climatique,
la tablette de chocolat de mes abdominaux
est devenue de la mousse au chocolat.

Avant de naître, j'avais demandé à Dieu
un devis pour mon existence.
Il ne m'a jamais rien envoyé.
Alors, maintenant, je refuse de payer.

Une tâche n'a pas besoin
de monter très haut pour être
au-dessus de mes forces.

La vie mérite-t-elle un tel respect
quand on sait qu'il suffit de baiser
pour en créer une ?

Dans les enveloppes écolo,
ce n'est manifestement pas le papier
qui est recyclé mais la colle.

Je me demande s'il suffit
de faire semblant de croire en Dieu
pour mériter le paradis.

Le mocassin, on ne s'en lace pas.

L'idée me réjouit de savoir que,
5 minutes seulement après ma mort,
j'aurai amélioré de 30 secondes
mon record d'apnée, qui est
actuellement de 4 minutes 30.

À ceux qui prétendent que les souffrances
nous sont envoyées par Dieu pour tester
notre foi, je leur souhaite de se faire mordre
par un pit-bull le jour où ils ont
une rage de dents.

Un homme de 40 ans peut tranquillement
parader au bras d'une maîtresse
de 25 alors que, dix ans plus tôt,
on l'aurait traité de pédophile.

Stress à table, ça porte malheur.

Souvent on blâme les éclaboussures
alors que le responsable, c'est le pavé.

Il parle si bien qu'on n'arrive jamais
à savoir ce qu'il pense.

Bernadette de Lourdes est une vraie sainte.
Et pourtant, à part quelques cas isolés,
on n'a jamais vu les pèlerins
lui faire une *standing ovation.*

Le dernier soupir, il faudra bien le rendre,
mais l'avant-dernier je le garde pour moi.

Il y en a qui s'excusent avec une telle
autorité qu'on finit par se sentir coupable.

Esquiver n'est point fuir.

Je suis un visionnaire,
mais à très court terme seulement.

Il y a des femmes qui m'aiment
parce que je leur rappelle un homme.
Mais je préfère celles à qui j'en fais
oublier plusieurs.

Le coq de ma basse-cour est vraiment stupide. Quand vient l'heure d'été, il ne sait jamais s'il doit chanter une heure plus tôt ou une heure plus tard.

Un problème, c'est une solution
qui sait se faire désirer.

Friandise de jeunesse :
demander conseil aux anciens
et passer outre.

Il paraît que le dernier barreau
de l'échelle de Richter
n'est pas très fiable.

Ceux qui ont trouvé trop tôt un sens à la vie
s'ennuient et risquent de s'endormir
comme un conducteur à son volant.

Celui que je suis quand personne
ne me regarde est-il meilleur que celui
que j'offre au regard des autres ?

Où peut bien se trouver
un sans-logis assigné à résidence ?

Elle est tombée amoureuse de moi
et je n'ai rien fait pour la relever.

Il y a des prêcheurs qui croient
nous gratifier de leurs sermons.
En fait, ce ne sont pas des pensées,
ce sont des pansements.

On est bien plus libres qu'on ne croit,
et ce serait dommage
de le découvrir trop tard.

En fait, la nature est insensible.
Ce matin, j'ai pissé sur l'ombre d'un chêne
et il n'a même pas réagi…

La surface de la planète
est entièrement couverte d'antipodes
qui vivent en couple… mais séparés.

À quel moment certaines plantes
ont-elles décidé de devenir « d'intérieur » ?

Secret de la réussite en politique :
trouver des raisons nobles
pour commettre des actes ignobles.

J'ai laissé tomber ma passoire
et maintenant elle fuit.
Est-ce un pléonasme ?

La vie n'est qu'un petit ourlet
sur la robe infinie du temps.

Un virage, même serré,
n'est pas la fin de la route.

La vérité est dans la nuance,
mais pas en politique.

Quand, volontairement ou non,
la vérité fait tomber les masques,
on lui demande toujours de s'excuser.

QUELQUES « PLUS » EN PLUS

Plus ou moins humain

Présenté mon œuvre maîtresse.
« Votre manuscrit m'intéresse »,
Dit l'éditeur en le classant
Sous ses dossiers, au dernier rang.
« Dès que j'en trouverai le temps
Je le lirai entièrement. »

MORALITÉ :
Un « entièrement » de première classe.

***

Ils étaient quatre. Il est parti.
Les trois qui restent en sont marris.

MORALITÉ :
Il se fait tard puisque c'est
quatuor moins le quart.

***

Il voulut faire le grand Icare
Avec des ailes au lieu des bras.
Les rayons du soleil, barbares,
Les lui coupèrent vraiment ras.

MORALITÉ :
Il fait vrai manchot.

***

Allocution du candidat de la majorité

Françaises, Français,

En tant que chef du gouvernement, je suis fier de vous présenter un bilan largement positif. En effet, ne vous ayant rien promis, j'ai éliminé tout risque de vous décevoir.

Promettre, c'est prendre l'avenir en otage et je ne serai jamais le braqueur du futur. L'opposition nous dit que tout va mal mais, si tout allait bien, qui peut nous garantir que ça irait vraiment mieux ?

Nos valeurs, vous les connaissez : niveau de vie, pouvoir d'achat, sécurité, éducation, écologie, transparence.

Dans le monde où nous vivons et une France où l'on veut l'électricité mais pas les pylônes, la sécurité mais pas les flics, des subventions mais pas d'impôts, il est clair qu'une absence totale de rigueur s'impose.

Les solutions de facilité sont souvent plus efficaces que les solutions de difficulté, et nous n'hésiterons pas à y avoir recours.

Voter pour moi est donc un risque citoyen et, vous l'avez bien senti, je suis tellement sincère que vous n'êtes même pas obligés de me croire.

Vive la République ! Vive la France !

Allocution du candidat de l'opposition

Françaises, Français,

En tant que leader d'une opposition dont la virulence est signe de bonne santé, je suis ici pour vous offrir cette alternance qui, par définition, résoudra tous les problèmes qui sont les vôtres mais pas les nôtres.

Nous serons consensuels, c'est-à-dire que nous accepterons que d'autres partagent notre point de vue.

Nos valeurs, vous les connaissez : niveau de vie, pouvoir d'achat, sécurité, éducation, écologie, transparence.

Nous l'avions prédit : « De deux choses l'une, ou la conjoncture évoluera ou elle n'évoluera pas », et les événements nous ont donné raison !

Conscients que la stratégie est à la tactique ce que le haut-de-forme est à la casquette, nous visons loin avec l'espoir de viser juste. La France partagée entre ceux qui boivent un coup et ceux qui boivent une coupe est un pays où l'expression « Pauvre con » est un pléonasme.

Pour corriger cela, nous pratiquerons un immobilisme lucide car se laisser dépasser par les événements permet de les voir de dos.

Voter pour moi est donc un risque citoyen et, vous l'avez bien senti, je suis tellement sincère que je finis par croire ce que je dis.

Vive la France ! Vive la République !

Sens dessus… et dessous

Extrait de *Nous autres les surdoués*

La vie a-t-elle un sens ? À cette question éternelle, les réponses données sont aussi nombreuses que contradictoires.

Une chose est sûre : si la vie n'a pas de sens, notre corps, lui, en a cinq ! Et il serait coupable de ne pas leur accorder l'attention qu'ils méritent… *A priori*, chacun de nos sens assume un rôle purement fonctionnel : toucher, sentir, voir, entendre, goûter, *mais* une pratique, même courte, de l'existence révèle très vite que, de part et d'autre de chacune de ces fonctions, existe une composante, soit négative (douleur, dégoût), soit positive (plaisirs). Exemple : la fonction « toucher » est encadrée par, d'un côté, la brûlure, de l'autre, la caresse ; de même, la fonction « entendre » se régale d'une musique douce et souffre d'un vacarme insoutenable ; cela vaut pour les autres sens.

Notre but doit donc être de faire exprimer, par chacune de nos fonctions, la quinté-sens de plaisir, donc de créativité, qu'elle recèle, en l'orientant prioritairement vers sa composante positive.

Cela pour chaque fonction/sens/plaisir prise individuellement, mais aussi, et surtout, en y ajoutant le fantastique effet multiplicateur qu'apporte l'association des plaisirs entre eux.

Opération gratifiante, à laquelle s'ajoute le gain, évident, et d'autant mieux venu, résultant des stimulations réciproques et multiradiales que les plaisirs tressent entre eux, sans omettre bien sûr le plus d'intensité qu'apporte le plaisir du partage.

Notre démarche est alors la suivante : révéler le potentiel plaisir/création de chacun des cinq sens.

Négligeant le petit bout de la lorgnette que nous laissons aux esprits sphincteroïdes, nous avons donc décidé de regarder la vie à travers un kaléidoscope dont la sixième facette est le sens de l'humour, et l'on découvre alors que, dans ces conditions, arriver c'est prendre un nouveau départ.

Alors, bon vent !

Fier au volant de son G7,
Ce chauffeur-là est bien suspect.
Tellement lisse et parfumé
Qu'on le dirait efféminé.

Moralité :
Taxi d'air mixte…

***

Et certains jours, en crinoline,
Colliers, bijoux et jarretelles,
Il se présente en *drag queen*

Moralité :
Mais alors c'est taxi-dentelle !

***

Il est assez âgé, il a de l'expérience,
Et, quand on se dispute au cours de la séance,
D'un seul geste apaisant, d'un propos mesuré,
Il ramène le calme et la tranquillité.

Moralité :
Il fait preuve d'une grande sérénilité.

***

Grégoire LACROIX

Le bénéfice du doute

Extrait de
Nous autres les surdoués

Il y a quelque temps, j'ai eu des doutes sur ma valeur intrinsèque. J'ai ressenti le besoin d'un projet fou pour me réhabiliter à mes propres yeux, un défi qui me rejustifie.

J'ai tout d'abord pensé à créer un événement qui me rendrait brusquement médiatique, connu, reconnu, abordé dans la rue pour des autographes. Pour cela une seule issue : être Valt. En effet, le valtusianisme est devenu la clé magique de la célébrité. Pour les peu-doués, je précise que VALT est l'acronyme de « Vu à la télé ».

Comment mobiliser les journalistes et autres paparazzi ?

J'ai songé à quelques stratagèmes du genre faire une grève de la faim, enchaîné-cadenassé au rayon traiteur de chez Fauchon, ou bien remonter les Champs-Élysées, nu, sur une trottinette électrique.

J'ai finalement renoncé à ces projets narcissiques et décidé de me réhabiliter par des actions humanitaires, non pas en luttant contre la faim qui n'est qu'une version exacerbée de l'appétit, mais en livrant bataille contre ce produit insidieux que nous distille la vie moderne et qu'il faut consommer avec modération : la solitude.

Pour cela, deux projets parallèles et complémentaires ont germé dans mon fabuleux cortex, en partant du principe suivant : la timidité est la source principale de la solitude.

Pour beaucoup, adresser la parole à un (ou une) inconnu(e) est un exploit aussi stressant que le déminage d'un hectare de désert au Sud-Liban. Or, cet exploit redevient un acte d'une simplicité désarmante dès que l'on a en main la laisse d'un chien très beau ou simplement amusant.

J'ai donc eu cette géniale idée d'organiser dans les jardins du Luxembourg une location, à l'heure, de chiens séduisants et dressés pour attirer l'attention d'une personne désignée. Engager la conversation avec un adorable labrador comme prétexte devient alors un toboggan de facilité sur lequel on se laisse glisser détendu jusqu'à l'éclaboussement vivifiant d'une relation nouvelle.

Succès foudroyant de la formule. Inconvénient, la plupart des clients ont oublié de me ramener le chien.

J'ai ensuite pensé aux femmes qui, la nuit venue, s'endorment seules, espérant trouver une illusion d'homme dans l'étreinte d'un oreiller, moelleux peut-être mais singulièrement indifférent. Le recours à la bouillotte, cette méduse caoutchouteuse qui n'a d'autre mérite que son niveau thermique, est toujours décevant.

Pour mettre fin à ces placebos de plume ou d'eau, j'ai, encore un coup de génie, créé la confrérie des Moines Bouillottins, confrérie composée de séminaristes vigoureux, dévoués, irradiant une chaleur animale qui réconforte la femme seule l'accueillant sous sa couette. Elle s'endort alors pour une nuit sereine, heureuse d'avoir trouvé quelqu'un contre qui se blottir.

Mission accomplie, le séminariste rentre au monastère et se replonge dans ses prières après avoir confessé ses éventuelles mauvaises pensées. Succès immédiat. Inconvénient, deux moines sur trois ne sont pas revenus.

Quoi qu'il en soit, et bien que la rentabilité de ces opérations ait été discutable, je m'étais, et c'était là le but, réconcilié avec moi-même, justifiant ainsi une nouvelle fois la haute estime que je me porte.

THÉÂTRE

Extrait de
Nous autres les surdoués

Si j'aime tant le théâtre c'est qu'il n'est pas, comme le cinéma, victime de ces cadreurs obsédés de portraits en hyper gros plan qui nous infligent sur un écran de 300 m² les imperfections épidermiques des stars ou les poils rebelles qui tentent de s'échapper de leurs narines, ni de ces monteurs parkinsoniens vidéoclipés qui estiment ringard de rester plus d'une demi-seconde sur un même plan.

La seconde raison est que, pour répondre à ce que les autres attendent de moi, ou, mieux, à ce que je crois qu'ils attendent de moi, j'ai dû devenir à moi tout seul une troupe de théâtre qui joue la pièce de ma vie. J'assure tout : le scénario, les dialogues, le casting, je ne me fais pas doubler pour les cascades et je joue les différents rôles que la vie sociale me propose ou parfois m'impose.

Lorsque j'ai des trous de mémoire, une voix, des coulisses, me suggère quelques répliques, mais je ne sais toujours pas qui est le souffleur.

Bref, c'est un jeu dont je ne me lasse pas ; tout ce que je souhaite, c'est que le rideau ne tombe pas trop tôt.

À propos de théâtre elliptique, voici une pièce qui est venue sous ma plume et m'a valu de figurer dans le *Guinness des records* pour sa brièveté.

Sous une tente luxueuse, en plein désert, il s'agit de la rencontre de deux chefs arabes, richement habillés, qui se présentent l'un à l'autre :

Le premier, tendant les bras, se présente à haute voix :

– Ousekt Hamal !

Le second, la main sur le cœur, lui répond de la même façon :

– Selakh Jemal !

Le rideau tombe. Titre de la pièce : *Le Cardiologue malgré lui.*

La femme de mon oncle est une passionnée
De tous les jeux de cartes et jeux de société.
Elle vibre au plus fort devant un échiquier,
Mais elle joue trop vite et se fait mat-raquer.

MORALITÉ :
Une tante hâtive vouée à l'échec.

***

Ce beau jeune homme un peu timide,
Fuyant la compagnie des gens
Dans une cachette ovoïde,
En prit la forme évidemment.

MORALITÉ :
Ça fait un éphèbe-œuf.

***

Cet as illustre du volant
Conduisait en état d'ivresse.
Mais le policier tolérant
Ferma les yeux sur ses prouesses.

MORALITÉ :
On n'arrête pas le pro gris.

***

Plaidoyer pour les 4 x 4

Au cours de l'été dernier j'ai été surpris par le nombre étonnant de corbillards circulant dans Paris et, ne trouvant pas dans une canicule renouvelée les causes de cette croissante mortalité, je m'en suis ouvert à des amis qui, en retour, m'ont ouvert les yeux sur le phénomène.

« Ce ne sont pas des corbillards ! Il s'agit de 4 × 4... »

Sont ainsi désignés des véhicules de service, hautement utilitaires et exclusivement destinés au transport en commun de vivants.

Ils sont, paraît-il, la cible d'un lynchage écolo-médiatique révoltant, dont les motivations restent obscures.

Après enquête personnelle, je suis maintenant en mesure de démontrer pourquoi ce lynchage est totalement inacceptable. Ces véhicules sont encombrants, certes, mais leurs propriétaires en ont besoin !

Savez-vous que, grâce à eux :

– ils peuvent traverser les rivières, libérant ainsi de l'espace sur les ponts ;

– ils peuvent sillonner en toute sécurité les savanes hostiles qui s'étendent de la porte Maillot à la Concorde, et même au-delà ;

– ils peuvent, grâce à leur quadruple traction, escalader le dénivellement d'un trottoir le temps d'acheter un porte-clés chez Vuitton ;

– ils peuvent, grâce à leur pare-chocs surdimensionné, traverser sans crainte les troupeaux de gnous qui encombrent la rue du Faubourg-Saint-Honoré ;

– ils peuvent, grâce à leur siège surélevé, avoir une vision synthétique des bouchons dans lesquels ils sont coincés et anticiper d'un centième de seconde (parfois plus) le passage au vert des feux de signalisation.

Malgré tout cela et la difficulté accrue qu'ils ont de trouver une place de parking, non seulement les pouvoirs publics ne font rien pour eux mais, de plus, les pénalisent pour une surpollution qui n'est que la conséquence naturelle d'une surconsommation de carburant, source vitale de profits pour nos compagnies pétrolières nécessiteuses !

Ne négligeons pas non plus l'aspect psychologique du problème. Le propriétaire du 4 × 4, lorsqu'il fait l'ascension de son véhicule, a l'impression de grimper dans l'échelle sociale, trouvant ainsi dans la position élevée du poste de pilotage une illusion de supériorité nécessaire à son équilibre mental.

Mais qu'arrive-t-il quand il doit descendre de son véhicule ? Rien n'est prévu !

Les constructeurs automobiles, pourtant généreux en matière de gadgets, n'ont pas un seul instant prévu, de série, une paire d'échasses télescopiques permettant un passage progressif et non traumatisant de l'état de pilote dominant à celui de piéton dominable.

Des lacunes aussi graves ne peuvent que provoquer une déprime aggravée pour ces hommes en recherche permanente d'appartenance, d'image, de prestige et de places de parking. Cela peut amener le pilote, en réaction, à vouloir un véhicule encore plus haut ! Jusqu'où ira-t-on ?

Il est temps d'agir sans tergiverser et, puisque $4 \times 4 = 16$, notre vibrant appel sera :

« Ne restons pas le cul entre deux 4×4 ! »

Golf : quand la vérité descend du ciel

Le ciel était radieux mais quelques escalopes
Avaient fait de ce jour un misérable flop.
Je recherchais ma balle, tout en la maudissant,
Quand saint Andrews parut et me dit calmement :

« N'insultez pas la balle qui vient de s'échapper
Et songez à la vie que vous lui réservez...
On la sort de sa boîte, elle se croit libérée,
Mais on la met sur tee pour la martyriser.
Comme des fous furieux, comme des forcenés,
Vous cognez à tel point que j'en ai la nausée.

Mettez-vous à sa place, elle vit un enfer,
Prenant des coups de bois, et pis, des coups de fer ;
Petite balle blanche, fragile comme un œuf,
Qui pour fuir le danger fait son nid dans le rough.
Elle fuit dans les bois, se cachant n'importe où,
Se glissant sous les troncs pour échapper aux coups.

Regagnez sa confiance, elle l'a bien mérité,
Et faites-lui savoir que vous la respectez,
Car sa nature est douce, elle aime la caresse,
Comme une vierge enfin elle veut qu'on la traverse.

Si de ces bons principes vous êtes bien conscient,
Elle partira droit, toujours à bon escient.
Puis étant arrivée, docile, sur le green,
Elle ira sans broncher jusques au fond du trou,
Ayant compris, futée, la passion qui vous mine,
Et votre score enfin sera digne de vous. »

Saint Andrews disparut et j'avais tout compris,
Il faut choyer la balle et s'en faire une amie.
Depuis j'ai tout tenté, mais j'ai comme un
problème :
Comment aimer sa balle, si c'est jamais la même ?

Il est trop paresseux pour écrire un roman,
Mais pour les aphorismes il est très abondant.

MORALITÉ :
Il fait son maximes-homme.

***

Sur le menu du restaurant
Il y a plus d'alcool que d'eau.
Ce que voyant, le musulman
Le biffe d'un coup de stylo.

MORALITÉ :
C'est de l'arab's trait.

***

C'est un pays de béotiens.
À l'art ils ne comprennent rien
Et, pourtant, un peintre y travaille,
Méprisant tous ceux qui le raillent.

MORALITÉ :
Admirons ce peintre qui,
là où l'art est nié, fait sa toile.

***

Les vraies questions que personne ne se pose

Qui est l'expéditeur des idées reçues ?
De quel droit les absents ont-ils toujours tort ?
En combien de temps l'équateur fait-il le tour de la Terre ?
Combien pèse une balance ?
Où sont expédiées les affaires courantes ?
Est-ce qu'on prend de la valeur quand on se rapproche de sa destination ?
Pourquoi Π n'est-il pas un chiffre rond ?
Où se posaient les hirondelles avant l'invention du téléphone ?
Où couche un SDF assigné à résidence ?
Pourquoi connaît-on la vitesse de la lumière et pas celle de l'obscurité ?
À qui doit-on rendre le dernier soupir ?
Combien serions-nous si la sélection naturelle faisait bien son travail ?
À quel moment le boomerang décide-t-il de faire demi-tour et pourquoi ?
L'idée de scalper un chauve n'est-elle pas tirée par les cheveux ?
Pourquoi n'a-t-on pas dispensé de l'affranchissement les lettres anonymes ?

Laure aime les acteurs ; elle a ses favoris :
Le Gros jamais content et le Maigre ahuri.
Pour les voir au ciné, bravant les interdits,
C'est une risque-tout qui ne craint pas la nuit.

Moralité :
Laure elle est hardie.

***

Il travaillait très dur ce Noir américain
Coupant les cannes à sucre à la force des mains.
Un jour il fit si fort d'un tour de l'avant-bras
Que l'ongle de son pouce en deux bouts se brisa.

Moralité :
La casse de l'ongle Tom.

***

Grégoire, un pape musicien,
Normalisa les chants chrétiens.
Ils étaient si beaux et si bien
Qu'on les appela grégoriens.

Moralité :
Il a inventé la mécanique cantique.

***

Musique au logis

Extrait de
Nous autres les surdoués

Édouard Flandrin de Padirac (mon voisin du rez-de-chaussée gauche) m'a posé l'autre jour une question étrange :

– Dites-moi, Maître Grégoire, que devient une musique que personne n'écoute ?

– Une musique que personne n'écoute, c'est comme un amour sans écho, ça n'existe pas. Une émotion n'existe que si elle est partagée.

– Vous croyez ? Pourtant je suis inquiet. Je suis parti il y a deux heures en laissant fonctionner ma chaîne stéréo avec un chargeur de six CD et, comme il n'y avait personne pour l'écouter, j'imagine que la musique s'est accumulée et j'ai peur, en ouvrant la porte, d'être emporté par un flot de notes incontrôlable…

– Vous le dites vous-même, « j'imagine », et voilà le fruit d'une imagination qui, elle, est mal contrôlée. Venez, allons chez vous et vous serez vite rassuré.

Lorsqu'il a ouvert la porte il ne s'est bien sûr rien passé et l'appartement était tout à fait normal, sauf peut-être une baignoire pleine de notes enchevêtrées, des grappes de triples croches accrochées au lustre et, sur le lit, des combats stériles entre des groupuscules de dièses et de bémols qui voulaient prendre le contrôle d'un contingent de notes endormies, donc sans défense.

Il y a des assurances contre le vol, l'incendie, mais pas contre l'inondation musicale. Flandrin était tendu et je me sentis obligé de rompre le silence :

– Moi, à votre place, je ferais celui qui n'a rien vu. Parce que ramasser tout ça et remettre les notes dans l'ordre en respectant la parité entre noires et blanches, ça va vous prendre tout le week-end.

Flandrin poussa un soupir (du pied, car il en traînait pas mal sur le plancher) et me regarda par en dessous, ce qui trahit chez lui un certain agacement.

– Je vais passer l'aspirateur.

– Bonne idée...

J'eus un peu honte de mon hypocrisie car je savais bien qu'il n'aurait jamais assez de sacs pour aspirer deux symphonies de Beethoven plus un concerto de Rachmaninov, sans parler de l'interminable *Boléro* de Ravel... Mais il y a des moments où la musique dépasse l'entendement.

Hors-la-loi peut-être mais pas sans principes...

1. Le hors-la-loi est pour la détente, d'ailleurs, il a toujours le doigt dessus.

2. Pour le hors-la-loi, le port de la cagoule résulte d'un louable souci de discrétion dans un monde peuplé de m'as-tu-vu.

3. Lorsqu'il est en prison, le hors-la-loi exerce une profession libérable.

4. Grande ou petite, la délinquance a pour mission de justifier le budget du ministère de l'Intérieur.

5. C'est grâce au montant de la rançon exigée pour sa libération que l'otage découvre enfin qu'il a une réelle valeur.

6. Percer un coffre qui se croit fort, c'est rendre la liberté à des fonds injustement condamnés au cachot par l'égoïsme bourgeois.

7. La victime d'un assassin devrait être reconnaissante envers celui grâce auquel elle a enfin cessé de vieillir.

8. Le proxénète est un franc-tireur qui gère une association de franches-tireuses.

9. Gagner en trichant au casino, c'est une belle revanche de l'homme sur le hasard.

10. Faire de la fausse monnaie, c'est rendre un vibrant hommage à l'artiste qui a créé les originaux.

11. Grâce aux *serial killers*, il y a statistiquement moins d'assassins que de victimes, ce qui, somme toute, est assez rassurant.

12. La liberté, c'est le maillon manquant dans la chaîne qui relie les deux menottes.

13. Comme le cerveau, la prison est un ensemble de cellules grises mais dont la mission exclusive est de concevoir des plans d'évasion.

14. La vie est une loterie et, qu'on le veuille ou non, chacun de nous a, dès sa naissance, un pied dans la tombola.

15. Se livrer à la police est inconcevable. On n'a jamais vu un parmesan se râper lui-même.

16. Le courageux qui, par défi, et dans le monde pourri que nous connaissons, a décidé de vivre hors la loi plutôt que dedans, est un exilé volontaire qui mériterait une amnistie préventive.

J'ai donné mon corps à la science
Et c'est vraiment un beau cadeau.
Un superbe champ d'expériences
Qu'ils ont, stupides, mis au frigo.

Moralité :
C'est toujours les corps donnés
les plus mal chauffés.

***

Étonnante diva en pleine dépression
Clamant ses états d'âme en de tristes chansons.

Moralité :
Un opéra de vagues nerfs.

***

Il avait bu tant de whisky
Qu'il y laissa sa courte vie.
Sa femme préférait l'éther,
Elle a cent ans et en est fière.

Moralité :
L'alcool alcoolise et l'éther éternise.

***

La révélation

Extrait de *Nous autres les surdoués*

La seule vraie Loi, je l'ai perçue dès mon enfance et ressentie d'une façon qui m'a marqué pour toujours. Nous habitions au septième étage d'un immeuble de banlieue et, très vite, j'ai été fasciné par cette force magique qui attirait sans exception tout ce que je lâchais par la fenêtre. J'y ai pratiquement vidé ma chambre. Le jour où notre chat eut l'honneur d'être l'objet de mes expériences, ce fut son dernier. Je venais d'illustrer de façon saisissante le lien qui unit la pesanteur et la mort. Les mots parlaient d'eux-mêmes : tomber, tombe, tombeau... Je compris d'instinct que la seule loi qui méritât une majuscule était celle à laquelle se soumettent sans exception tout être et tout objet : la Loi de la gravitation universelle. Cette ligne de force verticale descendante fait converger toute vie vers une grande harmonie centrale et définitive.

En prendre conscience, c'est partager la Vérité. Vous tous ici vivez sur des croyances acquises qui vous ont tracé, en trompe l'œil, un chemin de vie ascendant au terme duquel se trouve un passage lumineux supposé vous conduire vers un repos paradisiaque et éternel. La Vérité est ailleurs. Newton (nouvelle tonne), voyant tomber une pomme, sentit confusément qu'il se passait quelque chose de grave et baptisa spontanément le phénomène « gravité ».

Son erreur est d'avoir enregistré cela comme une simple loi physique alors qu'il s'agissait d'un message métaphysique ! Il n'a pas compris qu'il fallait inverser le sens de la vie... Et les croyants, toutes religions confondues, ont continué de prier les bras tendus vers un ciel qui les ignore, et pour cause, ils prient à contre-courant. Apparemment, je suis le seul à avoir pris conscience de ce tragique malentendu.

Je m'explique : à notre naissance, il nous est alloué un minime territoire baptisé « polygone de sustentation », et nous avons le devoir impératif de maintenir notre centre de gravité à l'intérieur de celui-ci, sous peine d'un rappel douloureux qui s'appelle « chute ».

Plus généralement, croyez-vous qu'un objet qu'on lâche tombe par habitude ou distraction, voire par simple caprice ? Non, bien sûr ! C'est chaque fois un rappel de la Loi qui indique aux vivants le véritable sens de leur destin. Chaque chute est une révélation.

Ne cherchez pas à m'opposer des contre-exemples ; je les connais, ils sont dérisoires. Il suffit d'un trou de quelques centimètres dans la coque d'un navire pour ridiculiser le principe d'Archimède.

La foi peut soulever des montagnes, certes, mais quand elle les relâche, quels dégâts !

Acceptons-le avec humilité, la terre n'est qu'un grand parc d'attractions universel. Elle n'est pas nourricière, elle se nourrit de nous, elle nous attend.

Vue sous cet angle, la mort n'est donc plus un drame, mais une glorieuse et logique convergence vers une terre dont le cœur n'est pas un enfer, mais une source d'énergie fusionnelle ; et le fil à plomb nous indique le sens de notre destinée bien mieux que n'importe quelle boussole métaphysique !

Plaignons « Ceux qui »

> Ceux qui donnent leur avis sur tout… surtout si on ne leur demande pas.
> Ceux qui se bricolent des petites révoltes puériles pour avoir l'illusion d'exister.
> Ceux qui dépassent les bornes sans mettre leur clignotant.
> Ceux qui refusent de dépénaliser la sieste.
> Ceux qui ont arrêté de grandir dès qu'ils ont pu atteindre la poignée du frigo.
> Ceux qui vous renvoient l'ascenseur, mais en pleine gueule.
> Ceux qui remplaceraient volontiers les gondoles par des pédalos.
> Ceux qui réalisent l'exploit d'être à la fois dans leurs petits souliers et à côté de leurs pompes.
> Ceux qui proclament que le superflu est essentiel, croyant avoir ainsi donné de la profondeur à la futilité.
> Ceux qui croient avoir trouvé la quadrature du cercle en faisant des ronds de jambe pour un carré Hermès.
> Ceux qui bombent tout, même le torse.
> Ceux qui indiquent une issue de secours dont la poignée vous reste dans la main.
> Ceux dont la vie s'écoule mollement comme le cœur trop fait d'un camembert oublié.
> Ceux qui préfèrent les noises aux noisettes.

> Ceux qui créent des vêtements aux allures de sacs-poubelle en phase terminale.
> Ceux qui, dans une pomme, ne voient que les pépins.
> Ceux qui se noient dans des mers qui n'existent pas.
> Ceux qui ont toujours le mot pour pleurer ou le mot pourrir.

Bref...

> Ceux qui font la fine bouche devant ce fruit délectable et non défendu, qui se multiplie quand on le partage : « **le plaisir d'exister** ».

Cet homme était obèse et se fit opérer.
On aspira son lard en grande quantité.
Hélas, il en mourut et son fils éploré
Fut cependant content de pouvoir hériter.

MORALITÉ :
Ce fut une lipo succession.

***

Sur le plateau il n'y a rien.
Arrive un homme aux yeux de fer.
Un simple geste de la main
Et voici brie et camembert !

MORALITÉ :
C'est un fromagicien.

***

Ils criaient en furie au milieu de la rue
Qu'on avait à l'instant volé leur pardessus.
Un agent de police qui passait par là
Dans l'asile voisin aussitôt les boucla.

MORALITÉ :
C'étaient des handicapés manteaux.

***

Art brut

Extrait de *Nous autres les surdoués*

Mon voisin se sent bien seul depuis la mort de son caniche nain.

Il faut dire qu'il avait pour habitude de le promener « au lancer » après l'avoir accroché, tel un appât, au bout d'une ligne de pêche au gros dont le moulinet lui permettait de le lancer très loin pour le ramener tranquillement sans quitter sa chaise longue, et surtout sans s'éloigner de son verre de pastis.

C'est en voulant battre son record de distance (87 mètres) qu'il atteignit la ligne à haute tension voisine. Le temps d'une étincelle et son caniche devint encore plus nain pour cause de carbonisation intégrale.

Le brave homme recueillit les cendres dans une bouteille de Coca Light dont il fit un agréable pied de lampe garni, hélas, d'un abat-jour en toile de Jouy dont j'ai trouvé le dessin érotique totalement déplacé par rapport au contenu funéraire de l'objet.

Puis à la réflexion je me suis dit que, Douanier Rousseau du luminaire, il avait magnifiquement symbolisé les célèbres duettistes Éros et Thanatos. Un soir qu'il regardait avec émotion le pied de son « installation » funéraire, il prononça ces mots d'une originalité qui laisse pantois : « Finalement, on est bien peu de chose... »

Ce « on », qui m'associait à une humilité que je ne partageais pas, m'agaça.

Ma réponse fut brève :

« Parlez pour vous, mon vieux ! »

En claironnant sous les remparts
Ils ont démoli Jéricho.
De cette ville, les barbares
N'ont rien laissé, que le chaos.

MORALITÉ :
Le néant trompette.

***

Cet Africain superbe
Est si fier de son corps
Qu'il se roule dans l'herbe
En chantant haut et fort.

MORALITÉ :
Le corps beau et l'heureux Noir.

***

Il est frileux notre Marcel,
Il craint le froid, il craint le gel.
Pour tricoter des pull-overs
En prévision d'un dur hiver
Il a fait tondre cent moutons
Dont il entasse les toisons.

MORALITÉ :
L'amas de laine de Proust.

***

Just a psycholo

Il faut avoir beaucoup d'indulgence pour cette profession traumatisante qu'est la psychiatrie. Le divan comme outil de travail n'est pas en soi agressif mais, bien souvent, les docteurs en auraient plus besoin que leurs malades.

Leur mission devrait être d'apporter le bonheur à des gens qui ne savent même pas que ça existe, mais, en obsédés sexuels de profession, ils voient partout des phallus culpabilisants, au point qu'être heureux ou équilibré est, pour eux, un état fondamentalement suspect.

La seule chose à laquelle ils n'ont pas encore trouvé d'explication sexuelle est la râpe à fromage, mais cela ne devrait pas tarder.

L'interprétation freudienne est vraiment trop psystématique : tout ce qui est vertical est phallique, tout ce qui est horizontal est vaginal, quant aux obliques on attend encore leur *coming out.*

Ils ont même donné un sexe aux lettres, à tel point que mon clavier d'ordinateur m'apparaît comme une vaste partouze. Les prenant à leur propre jeu, j'ai mélangé les lettres de « Freud » et « Lacan » et obtenu « Canular edf », ce qui démontre, s'il en était besoin, que l'un et l'autre ont pété les plombs plus haut qu'ils n'avaient le compteur.

Mais ce n'est pas tout ! Quoi que vous preniez en main, vous le masturbez (si vous le niez, vous ne faites qu'aggraver votre cas).

Voilà qui revalorise bougrement le banal destin d'un tournevis ou d'une canne à pêche.

Vous le voyez, ma lucidité critique vis-à-vis de cette profession est sans limites.

En fait, elle est tellement obsessionnelle que mon entourage me suggère de consulter. Un comble, non !?

C'est souvent lorsqu'elle nettoie
Couteaux, fourchettes, assiettes et plats
Qu'elle transpire sous les bras,
Et ça se sent jusqu'à vingt pas.

MORALITÉ :
Elle a besoin d'un lave-aisselles.

***

Il n'est pas grand, il n'est pas beau.
Malgré sa barbe et son pied-bot,
Les femmes ont toutes envie de lui
Car sa fortune est infinie.

MORALITÉ :
Elles le trouvent million comme tout.

***

C'est le plus fort de la forêt
Qui va de liane en liane,
Mais on le craint, il est mauvais,
Cherchant les noises et les chicanes.

MORALITÉ :
Tarzan ne fait pas le bonheur.

***

Perplexités

Extrait de *Nous autres les surdoués*

Plutôt que s'attendrir sur des gadgets éphémères, ne faudrait-il pas rappeler aux designers que, dans le monde entier, le meilleur moment de la journée pour un homme est celui où il retire ses chaussures ?

Édouard Flandrin de Padirac, à qui je faisais part de cette remarque, me fit à voix basse une étrange confidence :

– Justement, j'ai un soupçon terrible…

– Allons bon ?

– Ce matin, j'ai trouvé deux chaussures « droite » dans une même boîte et les deux chaussures « gauche » dans une autre. A-t-on déjà signalé des cas d'homosexualité mocassine ?

– Enfin, Édouard, il ne faudrait pas qu'une inattention de votre femme de ménage remette en cause l'orthodoxie sexuelle de vos mocassins et déclenche de ce fait un réflexe homophobe tout à fait blâmable.

– Vous avez sûrement raison. Merci de me rassurer.

Et il partit en traînant les pieds.

Nous autres les surdoués savons dynamiter les geôles mentales dans lesquelles les hommes aiment à se verrouiller.

Mais, visiblement, ce n'était pas le moment de le laisser seul et je décidai d'aller le rejoindre. Je le trouvai assis sur le muret de son jardin privatif, le regard perdu dans le vide (son vide intérieur). Son coude droit était posé sur son genou gauche, détail frappant mais qui, en l'occurrence, était totalement dénué d'intérêt. Car l'essentiel était ailleurs.

Il était environ 15 h 27 exactement et quelque chose me disait que ça n'allait pas durer. Il fallait sans attendre rompre le silence.

Nous autres les surdoués avons un flair extraordinaire pour détecter le moment propice, et il l'était !

– Édouard, on dirait que vous attendez quelque chose...

– Oui.

La réponse était sans ambiguïté. Toutefois, un complément d'information semblait souhaitable. Je haussai donc des sourcils interrogatifs ; il comprit et compléta :

– J'ai lancé mon meilleur boomerang il y a trois quarts d'heure et il n'est toujours pas revenu. Je m'inquiète car je constate que plus le temps passe, plus l'absence se prolonge...

Fallait-il le rassurer au prix d'un faux espoir ou lui ouvrir les yeux sur une réalité que, manifestement, il n'était pas prêt à supporter ? Courageusement je choisis le silence...

Arrêtez, je veux descendre !

Extrait de *Nous autres les surdoués*

Enfant, j'aimais me mesurer avec mes petits camarades sur tous les sujets possibles : jeux de billes, bulles de chewing-gum, tirs au lance-pierres, etc.

Mon adolescence a confirmé dans les activités sportives cet esprit de compétition.

J'ai entamé ensuite, et sans hésitation, le parcours fléché du citoyen moyen : bac, concours d'entrée, diplômes, puis j'ai relevé tous les défis que lance la pratique d'une vie banale.

Même sur le plan sentimental, il a fallu être plus que meilleur pour éliminer de façon définitive des concurrents étonnamment accrocheurs.

Pas de doute, on est cernés, on est là, tous, à se toiser les uns les autres, cherchant à prendre des « longueurs d'avance », mais sans savoir vraiment dans quelle direction.

Alors c'est décidé j'arrête, je ne joue plus. J'en ai assez qu'on me pousse dans les starting-blocks sous les ordres d'un starter anonyme et qu'on me colle un dossard pour sauter des haies, dont j'ignore ce que je vais trouver derrière.

Adieu les « mieux que », « plus vite que », « plus fort que », etc.

Les superlatifs, je vous les laisse, je passe aux super-relatifs. Fini, les figures imposées, je passe aux figures libres et mes défis je vais me les choisir gratifiants, compétitions sans agressivité dont le principal critère sera le plaisir que j'y trouve.

Quant à ceux qui veulent continuer de sprinter au coude à coude sans savoir où est la ligne d'arrivée, ni même s'il y en a une, je vais les applaudir avec une très sincère admiration et leur souhaiter « bon courage »...

« Arrêtez, je veux descendre ! »

Je sais bien qu'ils n'arrêteront pas mais je m'en fous, je descends quand même !

Il a refusé tous les plats
Que l'on servait pour son repas
Car il ne veut que du canard,
Obsession pour le moins bizarre.

MORALITÉ :
Ce doit être un palmipédophile.

***

Porté par l'enthousiasme, il s'est levé d'un coup
Et je ne vois plus rien, moi, tout petit, derrière.
Du spectacle privé par cet homme debout,
J'adresse au Dieu du ciel une courte prière.

MORALITÉ :
Assis soit-il !

***

Plus bio que nature

Réchauffement de la planète.
Il nous fait peur, il nous inquiète.
Et l'on se dit avec raison :
C'est la fin des quatre saisons.

Moralité :
Il faudra bien trouver un modus Vivaldi.

***

Quand, par un bel après-midi,
Le désir de sommeil vous prend,
Ne laissez pas n'importe qui
Vous gâcher ce très bon moment.

Moralité :
La défense de l'envie-ronronnement.

***

Écologismes

Extrait
d'*Ultravagances et sensualités*

Bio

Jusqu'à maintenant seules les graphies d'hommes célèbres étaient « bio », qu'elles soient auto ou non. Le concept en a été détourné afin d'exprimer l'espoir de voir, à l'ère de l'agriculture industrielle, le marché de l'alimentation reconquis par ces produits du terroir que cultivent les soixante-huitards exilés qui ne sèment leurs haricots qu'au moment de la pleine lune et souhaitent remplacer les caddies de supermarchés par des brouettes.

L'utopisme n'est pas une maladie honteuse, mais force est de constater que les adeptes du bio ont très souvent des mines de papier recyclé, ignorant qu'il suffit d'une plante carnivore dans une salade pour qu'elle ne soit plus végétarienne.

Développement durable

Non, il ne s'agit pas d'un slogan publicitaire pour le Viagra. Il s'agit d'une formule destinée à rappeler aux arriérés mentaux qui ne s'en seraient pas doutés que les décisions que l'on prend (ou pas) aujourd'hui ont des conséquences sur demain, voire après-demain.

Cette notion étant admise, elle devient la planche de salut qui sert de tremplin à cet autre concept révolutionnaire qu'est le « principe de précaution ».

Principe de précaution

Il faut être bon cavalier si l'on veut rester à cheval sur ce principe car rien ne résiste à la force d'ineptie.

En effet, ce principe consiste à adopter une attitude craintive vis-à-vis de tout ce qui va bien mais pourrait aller mal.

J'avais instinctivement adopté une telle démarche en décidant qu'il était plus sûr de se reposer avant que la fatigue se manifeste.

Me sentant de ce fait pionnier en la matière, je suis le mieux placé pour dénoncer les dérives hystériques de ce monde où les intermilitants de la débâcle finissent par se méfier du clou qu'ils viennent de planter pour accrocher le panneau « Attention danger », et font du principe de précaution un principe d'imprécation.

La recherche frénétique du risque zéro en tous lieux, en toutes saisons et en toutes circonstances est un anesthésiant redoutable et il suffit d'en exagérer, par jeu, les effets pour visualiser le monde kafkaïen qui nous menace.

Ainsi, sous prétexte que quelques dizaines de personnes se tuent en tombant d'un balcon, faudra-t-il placer ceux-ci entre les fenêtres plutôt que dans leur prolongement ? En allant plus loin, les chutes dans les escaliers assurant également un bon contingent de victimes, faudra-t-il les supprimer, condamnant dans le même mouvement le trottoir qui n'est autre que la sournoise amorce d'un escalier ? Finalement, tous ces accidents, ramenés à leur essence, étant le résultat d'une différence de niveau, faut-il préconiser une mise à plat universelle sous prétexte que « plus on est près du sol plus on tombe de moins haut » ?

Si l'on n'y prend garde, on va finir par rendre obligatoire le port du casque pour faire du vélo d'appartement et interdire au champagne de pétiller sous prétexte qu'il y aurait du CO_2 dans ses bulles ! Personnellement, étant biodégradable à 100 %, j'estime avoir fait le maximum pour la défense de l'environnement et, en attendant, si je gagne au loto je consacrerai la totalité de la somme à une œuvre écolo-humanitaire qui me touche de près : la défense de mon bien-être.

Éoliennes

Née de l'accouplement d'un pylône et d'une génératrice, l'éolienne s'est laissé pousser les pales uniquement pour montrer qu'elle est dans le vent. Quand elle est en couple il a été prouvé que le courant produit par la première sert exclusivement à faire tourner la seconde.

Quand elles sont trois, il est fréquent que l'on constate une étonnante disparité des rythmes à vent égal. Après enquête, il s'est avéré que la plus rapide, une ambitieuse, accélère dans l'espoir de décoller, la plus lente tourne plus par désœuvrement que par conviction, quant à la troisième, arrêtée, elle est en RTT.

De nombreux observateurs ont noté par ailleurs que les éoliennes se mettaient à l'arrêt dès qu'on cessait de les regarder, ce qui laisse à penser que, la nuit ou par temps de brouillard épais, elles tournent juste assez pour alimenter le feu de signalisation qui les protège d'un contact éventuel avec un Airbus en perdition.

Logiquement placées face au vent dominant, elles en sont fières. Mais elles sont ulcérées quand, à la suite d'un caprice météo, le vent devient contraire.

Elles manifestent alors leur mécontentement en consommant du courant au lieu d'en produire, justifiant de ce fait et malheureusement le recours aux centrales nucléaires.

En cas d'absence totale de vent, il est prévu dans la base de chaque pylône un pédalier qui sera actionné par les détenus de Fleury-Mérogis. Cet exercice remplacera pour eux la promenade quotidienne avec l'assentiment du ministère de l'Intérieur. Les éoliennes ainsi « recyclées » sont alors dénommées « géoliennes ».

Cet œuf de Pâques est très présent,
Soit à la scène, soit à l'écran.
Rentrant de Rome au bon moment,
Il carillonne doublement.

Moralité :
L'œuf acteur sonne toujours deux fois.

***

Après avoir mangé tes pulls
Si bien rangés dans ton armoire,
La mite heureuse et sans scrupule
Se moque de toi dans le noir.

Moralité :
Il faut se méfier de la mite railleuse.

***

On le découvre et l'on s'affole,
La vache aussi peut-être folle.
Ce n'est pas grave et s'il le faut
On se rabattra sur l'agneau.

Moralité :
C'est un point de bétail.

***

Il était mal en point ce tombeau
On en commanda donc un nouveau.
Et lorsque, enfin, il arriva
Au vin primeur on l'arrosa.

Moralité :
Le mausolée nouveau est arrivé.

***

Bras d'honneur

À ceux qui gueulent dans tous les coins,
À ceux qui savent mieux que tout le monde,
À ceux qui ont peur du silence,
À ceux qui parlent en attendant
De trouver quelque chose à dire,
Cachant sous du vocabulaire
Une tragique absence d'idées,
Aux hypocritement corrects,
Aux mégalos et aux bigots,
Aux fayots et aux intellos,
À ceux qui posent des questions
Et se foutent de la réponse,
À tous ceux-là qui font du bruit
Pour avoir l'illusion de vivre,
Je dis très calmement
Mais je le dis très fort :
Taisez-vous tous… j'ai rien à dire,
Mais je suis fier de ce silence
Car ce bras-là qui vous défie,
Crochetant le menton
De vos bruyantes gueules
Et martelant le front
De vos médiocrités,
Vous avez raison de le craindre
Car il est comme la légion,
Regardez bien, il est d'Honneur !

Credo de la République libre du Frioul

Oubliez les comptables,
géomètres, sondeurs,
prévisionnistes, planificateurs,
statisticiens
et autres obsédés du chiffre.
Piétinez les chronomètres,
mettez à la casse
tout appareil de mesure, tout dispositif
de contrôle car:
l'Imprévisible comme l'Inmaîtrisable,
l'Incohérent comme l'Insaisissable,
l'Indicible comme l'Indémontrable
sont les seules vraies couleurs de la Vie,
la seule justification poétique du Monde.
laissons le doute s'installer,
le flou triompher,
et qu'aucune certitude ne vienne perturber
l'incroyable fertilité du Chaos!

On reproche à Noé d'avoir omis le yak
Parmi les animaux qu'il embarquait en vrac.
Mais c'est un faux procès car, en réalité,
Craignant le mal de mer le yak avait filé.

MORALITÉ :
En fait, le cas « Noé » était un cas « yak ».

***

Un bel arceau de fer au pied d'un beau cheval,
Véritable objet d'art qui n'a pas son égal.

MORALITÉ :
Un fer à cheval je trouve sabot.

***

Grégoire LACROIX

Scènes de ménage(rie)
Ou comment sortir de ces zoos troubles

Amour vache

Après avoir fait le bœuf
Je fais tourner l'étable
Jusqu'à ce que tu génisses…
Ça veau le détour !

Bouquet missaire

Sur les fleurs de ta poitrine
Je joue à saute-bouton
Et à voici l'oignon si doux.
C'est la chèvre du samedi soir.

Passion des truites

Étoile de mer, étoile filante,
T'as voulu jouer à colin-paillard.
J'ai pris la poudre des scampis
Et tu es sole ce soir.

Fous-moi lapin
Tu m'as invité à l'exposition canine.
Y avait pas un chat !
Et le kangourou
M'a fait faux bond !

Gien de faïence
Je suis ton chiant de garde,
Tu es ma chienne stéréo,
On se mord dans l'âme,
Oublions le basset.

Brise-glace
Mon ourse blanche,
Tu es trop polaire pour être au net.
Tu pingouines avec tes copines...
Phoque you !

Les hameçons ont toujours tort
Assis sur un banc de marsouins,
Je suis la ligne de ton dos fin.
Il y a anguille sous rock,
Alors dansons le requin drôle.

Insecte shop

Punaise !
Ta taille de guêpe
Est un objet dard,
Mais quand tu piques
Tu fais souvent mouche,
Ma puce...

Couac il arrive...

Quand tous les canards
S'envolent de ma guitare,
Mon prestige y laisse des plumes
Et je ne suis plus ton héron.
Mais ta résistance bat de l'aile,
C'est bon cygne.

Dis-moi que oui, dis-moi guenon

Comme un orang-dégoûtang
J'ai dégrafé ton corps-singe.
Tu m'as ouistitillé le paresseux,
Je n'en attendais babouin de toi.

Rosse ignoble de mes amours
Ma pie, toujours bavarde,
Te voici soudain mouette
Et ta rouge gorge te trahit.
Tu me trompes avec un aigle,
Ça ne fait palombe d'un doute.

Dans le « couchons » tout est bon
Tu parles à porc et à travers.
Pourtant ne suis-je en bonne eau ?
Tu es mon port de plaisance,
Je suis ton porc de plaisir.

Fauve qui peut
Je suis ton lion,
Tu es ma lionne.
Nous sommes félins
pour l'autre...

Le siesting créatif

C'est un spécialiste qui vous parle.

Plus connu sous les noms de Roi-Sommeil ou Vedette Lance-torpeur, je suis expert en exercices d'assoupissement, agrégé de siestologie et fondateur du siestival de Roupillon-sur-Somme.

C'est donc avec force que je lance un appel pour la dépénalisation de la sieste et la défense de l'envie-ronronnement.

Il y va de notre civilisation et voici pourquoi :

L'œil a pour mission permanente de voir et il ne fait que ça ; même pendant le sommeil. Dans ces moments-là, il a pour seul spectacle la face interne de la paupière, spectacle d'une affligeante monotonie, source éventuelle de dépression.

Afin d'échapper à cette triste fatalité, l'œil commande alors au cerveau une série de vidéos ayant pour thème mille aventures délirantes et incontrôlées. C'est ce qu'on appelle les « rêves ».

Voilà, c'est tout simple, en quelques mots nous venons de démontrer que le sommeil est source inépuisable de créativité !

Nous lui devons donc un respect qui s'exprimera le mieux en se soumettant à lui dès que l'envie s'en fait sentir, de nuit comme de jour car, associer arbitrairement le sommeil à la nuit, c'est mépriser la paupière dont la seule justification est justement son opacité diurne face au soleil (elle ne se baisse la nuit que par habitude ou désœuvrement !).

Je crois que l'essentiel est dit. Pour conclure, je me contenterai de citer le narcophilosophe chinois Lao Tsé-Tsé (inventeur de la mouche qui porte son nom) :

« Respectons la sieste, qui est à la fois piqûre de rappel de la nuit précédente et acompte sur celle qui suit. »

Ce grand cheval anthropophage
Dévore Thomas à coups de dent.
Tu veux le sauver du carnage
Mais c'est trop tard, il est dedans.

MORALITÉ :
Laisse Thomas dans l'étalon.

***

Il aime les chevaux et les soigne souvent.
Il les nourrit de foin et change aussi leur paille,
Mais ne vous trompez pas, ce n'est pas un manant.
Il s'agit d'un baron que l'on voit au travail.

MORALITÉ :
Ce n'est palefrenier venu.

***

Allaisia : une ville à la campagne

C'était le vœu d'Alphonse Allais.

Il était logique de donner corps à l'idée de cet écologique visionnaire.

1. Site, urbanisme, voirie

Le premier souci doit être d'assurer une parfaite interpénétration des contextes urbain et rural, donc :

> pour éviter tout encerclement nuisible aux échanges, et afin que les champs puissent venir fusionner avec les espaces verts municipaux, le boulevard périphérique sera compacté au centre de la cité, baptisé « place du Village », et en son centre sera posé le socle du buste du fondateur. À l'emplacement du boulevard sera disposé un ensemble prairies-féeriques ;

> de la même manière, les passages à niveau, placés stupidement dans l'axe des routes et constituant une entrave inadmissible au trafic interculturel, seront transférés en rase campagne ;

> les constructions, quel que soit le nombre d'étages, auront des allures de fermes ou de granges. On déconseille cependant le toit de chaume pour les immeubles de plus de huit étages ;

> les garages auront des allures d'écurie avec mangeoire à pommes vapeur pour les chevaux du même nom;

> afin de sauvegarder l'appréciable isolement de la campagne, les voisins immédiats seront reportés à une date ultérieure;

> les lignes électriques seront garnies de lierre;

> en revanche, les lignes téléphoniques seront conservées en l'état pour servir de parking aux hirondelles;

> les cheminées d'usine resteront verticales mais enterrées et dirigées vers le bas;

> les rues porteront des noms d'humoristes célèbres;

> la signalisation sera faite par alternance chou vert/chou rouge;

> les fleurs poussant entre les pavés seront immédiatement déclarées site classé;

> les lieux-dits symboliseront le droit d'expression;

> les lieux non dits n'auront qu'à se taire;

> les édifices publics seront regroupés dans des champs fertiles (mais en aucun cas élyséens), où prospéreront les grosses légumes et la calembourgeoisie;

> mairie : elle sera repeinte par les conseillers munis de six pots;

> gare : son chef sera célibataire afin d'éviter les quolibets;

> poste : elle sera équipée d'un distributeur de cachets faisant foi;

> Haute Cour : elle sera transférée dans la basse-cour pour assurer une meilleure coopération avec les poulets;

> église : son clocher sera suffisamment haut pour que de son sommet une vigie, pas trop pirate, puisse veiller au grain pendant la période des semailles ;
> théâtre : composé exclusivement d'un poulailler ;
> la Vache Allais bénéficiera d'une étable de chevet pour y poser les œuvres d'Alphonse ;
> les transports en commun seront privatisés et réservés aux transports intimes ou amoureux ;
> d'une façon générale, la campagne, pour conserver son authenticité rurale, ne devra en aucun cas être électorale, publicitaire ou de propagande, sous peine d'être convertie en terrain vague.

2. Mode de vie

Une telle cité rurale justifie une adaptation des modes de vie et suppose la fusion de concepts parfois contradictoires. Exemples :
> la musique folklo sera remplacée par la musique pechno ;
> le cocorico remplacera le karaoké ;
> au kinésithérapeute sera substitué un chirotracteur ;
> le *Journal d'un curé de campagne* prendra la place de la *Gazette d'un écœuré de camping* ;
> le souci de l'âge de la retraite sera remplacé par celui de l'heure de la traite ;
> les stations-service seront pourvues d'un distributeur d'avoine ;
> la supervision de la motoculture sera confiée à Harley Davidson ;

> les voitures à bras seront remplacées par des voitures à roues;
> le démon de midi passera vers 14 heures afin de favoriser une sieste devenue obligatoire;
> le carillon signalera le début et la fin des cinq à sept;
> une tentative de conciliation sera organisée entre le rat des villes et le rat des champs;
> afin d'éviter des attroupements inopportuns, aucun des moutons ne sera de Panurge;
> les embouteillages seront exclusivement réservés aux productions viticoles locales;
> la pêche à la ligne se fera exclusivement sans hameçon car tout poisson qui mord déclenche un stress inutile (les hameçons ont toujours tort).

La voie est maintenant tracée pour une fusion harmonieuse de la ville et de la campagne. N'hésitons pas à la suivre.

Plus simple appareil

Plus d'un homme,
En bon comédien,
Cache à sa femme
Ses autres liens.

Moralité :
Théâtre de maris honnêtes.

***

Pour séduire une demoiselle,
J'ai acheté un gros bijou.
L'ayant reçu, elle m'appelle
Et dit : « Je n'aime pas du tout. »

Moralité :
Elle m'a accusé déception.

***

Elle arrivait droit de Berlin
Par le premier train du matin.
Un Parisien lui proposa
De faire à deux un tour au bois.
Elle esquiva, dit « non merci »,
Déçu et triste il repartit.

Moralité :
C'est la loi de l'offre et de l'Allemande.

***

Grégoire LACROIX

Rencontre

Extrait de *Jazz Band Eros Heros Sept*

Terrasse du Murat. Une femme, quelques tables plus loin, me gratifie d'un regard lourd et sensuel. Elle vient sans doute de réaliser qu'elle est à deux pas du bonheur. Ce que confirme le mot qu'elle griffonne et donne au garçon pour qu'il me le porte :

« J'aimerais vous revoir. 06 07 08 09 10. »

Je rends le billet au garçon après l'avoir complété d'un viril « OK pour ce soir ».

Ayant lu ma réponse, elle me regarde et décroise les jambes de façon très charismatique, laissant clairement comprendre que le soir lui paraît beaucoup trop lointain.

Ne pas décevoir une femme qui s'offre est une règle élémentaire de savoir-vivre. Je saurai donc vivre et, d'un coup de menton ferme et prometteur, je la téléguide vers ma monture qui scintille à quelques pas. Elle l'enfourche avec une symbolique à faire dresser sur ses ergots le coq de bruyère qui me sert de compagnon de jeu.

Respectant un silence prometteur, nous filons droit chez elle, un petit pied-à-terre dont elle a fait un délicieux jambe-en-l'air. Elle m'y accueille avec une douceur inattendue.

Sans attendre, mais avec une lenteur calculée, elle enlève son pull-over, révélant progressivement une absence bénie de soutien-gorge. Les absents ont toujours tort, dit-on, mais là...

J'ai le baromètre qui grimpe au beau fixe et les prévisions à court terme confirment des hautes pressions sur l'ensemble de la péninsule. Très galant, je finis le travail qu'elle a si bien commencé ; un rien la déshabille et je suis heureux d'être ce rien-là !...

De toutes les erreurs que Dieu a commises, la femme est indiscutablement la mieux réussie.

Je me satisferais presque du spectacle qui s'offre à moi, et être simplement l'eau de sa douche me paraîtrait une suffisante destinée. Mais je suis habité par un tempérament qui déborde systématiquement sur les ailes, celles de mes attitudes qui se voudraient purement d'esthète. Ma délicieuse partenaire attend d'ailleurs autre chose de moi.

En guise de prélude, j'entame un délicat massage des pieds, bourlinguant de l'un à l'autre sans quitter la chair ferme, et passant bien entendu par la case « Arrivée ».

Mais la fièvre gagne du terrain dans toutes les directions, et bientôt le moment est venu de planter le fanion de la culminance.

Je l'admire encore une fois avant que la fusion des corps ne me prive de tout recul. Elle me paraît beaucoup plus jeune que moi, mais je n'en éprouve aucun remords ; d'autant plus que j'ai la perche qu'il faut pour sauter le fossé des générations. Alors je le/la saute...

La bougresse ne s'en plaint pas, qui, entre deux soupirs, sollicite une récidive que je lui accorde bien volontiers, après m'être un tant soit peu laissé prier afin de faire monter (entre autres) les enchères.

Elle ondule de plaisir, s'avouant vaincue par la simultanéité et l'inattendu de mes caresses. Son cri de délivrance est la prière la plus fervente et le plus bel hommage rendu au bonheur d'exister que j'aie jamais entendus.

Dans la cheminée, le feu, vexé, s'étonne qu'on le laisse mourir après tout ce qu'il a fait pour nous; je le tisonne amicalement en guise d'adieu car le devoir m'appelle et le moment est venu de prendre congé de la maîtresse (ô combien!) de maison.

Nous autres les surdoués savons, avec délicatesse, dénouer des liens qui, pour être récents, n'en sont pas moins étroits; je prends donc un élégant congé de ma partenaire, lui faisant valoir ce que l'imprévu, même éphémère, apporte d'intense dans une vie qui n'est autrement que la simple continuation d'un prévisible définitif, à peine plus passionnant qu'un festival de danses folkloriques.

Mes raisonnements sentencieux ont peu de prises sur cet être, magnifiquement désorienté à l'idée de perdre la clé de son coffre à plaisirs. Elle pleure doucement sur mon épaule, puis me martèle rageusement le poitrail de ses petits poings serrés.

Elle croit me faire des bleus mais ce sont des bleus ciel...

Alphabéatitude

Extrait de *Les Douze « Moi » de Grégoire* (Max Milo)

À travers la **B** vitrée,
je regarde le ciel et je pense à nous.
La vie **C** comme un jeu de **D**.
E c'est aussi simple
que l'**F** de Christophe Colomb.
C'est clair, **G** besoin de toi.
La **H** de guerre, **I** faut l'enterrer,
J pense souvent.
C'est un **K** de conscience qui me donne des **L**.
Oublions la **N** et ses **O** troubles, faisons la **P**.
Ne restons pas le **Q** entre deux chaises
avec des **R** supérieurs.
Tu te **T** ? Tu m'as bien **U** !
Alors, je m'en **V**, et même je m'en **W**,
voir un film **X** grec !
Mais, **Z** inouï, j'oublie l'**S** en ciel,
je t'**M** !

Il était barbu et pas beau,
Les femmes lui tournaient le dos.
Un barbier sut le rendre glabre,
Et toutes rêvent de son sabre.

MORALITÉ :
Le rasoir fait bien les choses.

***

Il avait un fort accent québécois
Et de cela elle ne voulait pas.
Quant au prétendant issu d'Alsaciens,
Elle honnissait son parler trop germain.

MORALITÉ :
Les accents ont toujours tort.

***

Pas très jolie, cousine Olga,
Mais pour sa dot il l'épousa.
Regrets amers et déception
Car le butin fut maigrichon.

MORALITÉ :
Un mariage con, sans gain.

***

En retard chez Elena

Extrait de *Nous autres les surdoués*

Je craignais des reproches et j'avais tort. À mon agréable surprise, elle avait déjà franchi deux étapes importantes sur le chemin de la nudité intégrale.

Sans un mot et d'une main délicate, je l'aidai à se débarrasser des ultimes textiles, concessions faites au fétichisme masculin.

Une ivresse partagée s'empara de nous et nos corps délivrés inventèrent un langage nouveau pour écrire un vibrant poème dont la pudeur m'interdit de vous donner ici la traduction.

Je peux juste vous dire qu'après l'amour elle était belle comme une œuvre d'art et je n'étais pas mécontent d'avoir participé à la création d'un tel tableau, capable que je suis d'une grande objectivité quand les résultats sont spectaculaires par rapport aux moyens mis en œuvre.

J'avais en tout cas atteint mon but ; il me fallait sur-le-champ marquer mon territoire par une légère prise d'autorité :

– Elena, sers-moi donc un gin-fizz pendant que je prends ma douche…

– Mon cher Grégoire, vos talents de pyromane ne vous autorisent pas à brûler les étapes. Vous me semblez surestimer l'ampleur de votre conquête ; dois-je vous rappeler que la femme est une île ?

Et connaître une île c'est, avec patience, en avoir abordé tous les rivages, même les plus abrupts, y compris et surtout ceux qui sont de véritables défis. Ce n'est pas parce que je vous ai accordé un agréable moment sur un coin de plage que vous devenez propriétaire de l'île...

– Elena, il y a moins d'une heure vous étiez le chaînon manquant entre moi et le septième ciel, et je vous ai prise en flagrant délit d'abandon...

– ... d'abandon, peut-être, mais pas de soumission...

– Mais enfin ! Je n'ai pas eu beaucoup de mal à vous convaincre de m'accueillir dans votre intimité !

– Me séduire est à la portée du premier venu, certes, mais, manque de chance, vous n'êtes que le second et mon mari sera là dans un quart d'heure...

Je sortis de là benêt comme un livreur de pizzas qui aurait oublié le ketchup.

Ponctuation

Extrait de *Les Douze « Moi » de Grégoire* (Max Milo)

Tu m'**apostrophes** et pourtant,
dans ton regard, **point d'interrogation.**
Juste le **guillemet** de tes yeux malicieux
et le **tréma** de tes narines fines.
Le signe « **égale** » de tes lèvres un peu pâles
me **virgule** un sourire **majuscule**.
Ta voix prend un **accent grave**
quand d'un doigt qui chemine
je mets un **point** tremblant
sur les « i » du mot poitrine.
Puis alors je pavoise jusqu'à l'**arobase**
de ton nombril si petit.
Et tout à coup c'est comme un rêve :
entre tes **parenthèses**
mon **trait d'union**
devient un
point d'exclamation !

Il avait tout promis
Pour l'avoir dans son lit.
Maintenant elle est grosse
Émouvant le jury.

PÉNALITÉ :

Condamné pour coup ayant entraîné la vie sans l'intention de la donner.

***

La sève du printemps fait s'ouvrir les bourgeons,
Elle enfle aussi les seins des filles en pâmoison.

MORALITÉ :

Les lilas sont en fleur,
les lolos sont enflures.

***

On peut aimer le missionnaire
Pour sa partie de jambes en l'air.
Mais faire l'amour en cavalier
Décuple la félicité.

MORALITÉ :

Le faire à cheval, ça porte bonheur.

***

Bienvenue à bord...

Extrait de *Rapports sectuels*

Le plus court chemin du plaisir au bonheur passe par la tendresse. En revanche, Cupidon et son arc ont veillé à ce que le parcours qui mène de l'amour à la souffrance soit aussi bien fléché que la poitrine de saint Sébastien. Je suis conscient de tout cela alors que je me rends d'un pas ferme, bien que légèrement ému, vers le yacht *Ianneta*, où la Suprême m'attend pour un souper intime.

Elle m'accueille en haut de la passerelle. D'entrée, elle a décidé de jouer avec mes nerfs : moulée dans un long fourreau blanc suffisamment translucide pour confirmer qu'elle est une vraie brune, elle serait capable de ressusciter un angle mort.

La nuit vole les couleurs mais n'efface pas les parfums ; le sien est d'un bleu-violet qui enveloppe avec, en final, une pointe de pourpre qui déstabilise.

Elle me souhaite la bienvenue de sa voix chaude comme un vent d'été et, avant que j'aie le temps de me ressaisir, m'entraîne vers le carré où une table magnifique a été dressée.

Elle m'adresse un sourire, en recherche de complicité :

– J'ai fait servir un repas froid mais de qualité. Notre seul compagnon sera le champagne, pour une soirée aussi longue que vous le voudrez.

Nous passons rapidement sur les banalités d'usage, et j'hésite entre la cerner immédiatement de questions vitales ou la bousculer sur le sofa sans préambule. Mais l'un comme l'autre seraient prématurés.

Ianneta entame un développement sur le miracle de la communication entre les mondes symétriques et la façon tellement excitante de passer de l'un à l'autre. Bien entendu, je simule une réceptivité enthousiaste, mais le voyage m'intéresse beaucoup plus que la destination.

Après les sorbets, elle me propose de passer au bar pour le café. J'obtempère, mais à mi-chemin elle m'intercepte, se colle à moi et, d'une seule main, déboucle ma ceinture, ce qui révèle un indiscutable savoir-vivre.

Prolongeant son geste, elle pénètre plus avant dans ma cour de récréation où elle fait le décompte des parties en présence; elle trouve un nombre « paire », ce qui me rassure. Mais je suis sur mes gardes: quand une femme fait le premier pas c'est qu'elle veut avoir le dernier mot.

Je décide donc de prendre les devants et de les prendre à deux mains même, puisque la contre-partie est double et qu'il y a de l'antimonde au balcon! Déjà un frisson commun nous parcourt de fond en comble...

Je ne peux cependant me satisfaire d'une banale sexuade; il me faut la marquer au fer rouge de ma virilité impérieuse afin de créer en elle ce climat de gratitude émolliente qui rend les femmes si bavardes... D'un geste herculéen je la soulève de terre et la prends dans mes bras comme une jeune mariée. L'antigravité en fait une plume : c'est la légère apprivoisée.

Elle roucoule au creux de mon épaule ; la douceur chaude de son corps n'exclut pas une fermeté contagieuse : je suis en érection des pieds à la tête !

Sitôt dans sa cabine, digne d'une suite dans un cinq étoiles, elle s'allonge, lascive, sur le lit à baldaquin, mais je la relève aussitôt. D'une chiquenaude je dégrafe l'épaulette de sa robe. La pesanteur fait son travail avec flegme, m'offrant ainsi le strip-tease au ralenti d'une nudité progressive et inoubliable.

Elle ébauche quelques gestes d'amour que j'arrête aussitôt :

– Écoute-moi bien, Ianneta. Je vais maintenant plonger mon regard dans le tien et, sans ciller un seul instant, tu vas me décrire à haute voix les caresses que je te fais et les sensations qu'elles te procurent.

Elle est surprise mais elle acquiesce, marque un silence puis, avec un vibrato dans la voix qui trahit une émotion mal contrôlée, elle récite ce long poème en prose :

– La main que vous me passez dans les cheveux s'attarde sur ma nuque où elle improvise un délicieux massage, puis, glissant légèrement, elle vient à la rencontre de votre bouche qui, partie de l'épaule, vient d'allumer un chapelet de mini-feux d'artifice qui éclatent dans tous les recoins de mon corps...

(Je dois l'avouer, suçotage et mordillage sont les deux moi-même de la transe. Il y a entre l'épaule et la nuque d'une femme mille paysages sensoriels qu'il serait criminel d'ignorer.)

– ... Maintenant, je sens comme un troupeau de doigts qui déboule entre mes omoplates, dévale le long de ma colonne vertébrale et, pour finir, vient gambader en tous sens sur la plage de mes reins. Ma moelle épinière ondule de plaisir comme une anguille de torrent ; mais déjà les doigts se sont regroupés par cinq pour s'emparer de la rondeur de mes fesses, ils y organisent un ballet d'un érotisme tactile qui déclenche dans ma tête un carillon de fantasmes immaîtrisable. De nouveau je suis prise de vitesse, vos mains, remontant vers les hanches et contournant ma taille, remontent vers ma poitrine qui n'en pouvait plus d'attendre. Les pointes en éveil, elle frémit à l'approche conjuguée de vos doigts et de vos lèvres.

Votre bouche est presque trop gourmande, mais jamais une langue ne m'a dit autant de choses en si peu de temps. Je ne suis plus qu'une zone érogène intégrale flottant vers le septième ciel... au moins !

Au creux de mon ventre, je sens tout à coup comme un fourmillement de bulles de champagne ; mon comité d'accueil, impatient, a déjà fait sauter les bouchons, je vous en supplie, ne le faites pas attendre !

Mais ! Oh ! Que se passe-t-il ? Une main aventureuse a profité de la confusion pour plonger vers le... Ah... !

Sa voix est devenue rauque, ses paroles indéchiffrables, et, comme en écho, le cours de mes bourses fait preuve d'une grande fermeté ; le moment de prendre le relais est venu.

– Tais-toi maintenant et ne crains rien, on ne m'a jamais en vain sollicité le généreux. Sens-tu maintenant comme je te pénètre ?

– Ce n'est pas vous qui me pénétrez, c'est moi qui vous héberge…

(La bougresse n'a pas encore abdiqué ! Serait-elle comme la neige qui durcit en fondant ?)

– Disons que je te squatte…

– Squat toujours… prêt !

Elle est encore trop lucide. Je déclenche alors un Gregorio Furioso à faire disjoncter tous les sismographes ; son « centre » d'hébergement est devenu une chambre de combustion où s'allume un immense feu de joie, et si c'est ça la charnière entre deux mondes, le moment est venu de sortir de ses gonds ; ce que nous faisons avec une simultanéité magique.

Je ne cesse que lorsqu'elle demande grâce avec le peu de souffle qui lui reste. Je la laisse pantelante sur le lit et, par politesse, lui propose un nouvel aller-retour en première classe. Elle décline, elle est là, toute suffite, n'attendant rien d'autre qu'un service après-ventre attentionné.

Lui laissant le temps de revenir du bon côté du miroir, le mien, je prépare déjà les questions que je vais lui poser. J'ai pris ses désirs pour des vénalités, le moment de payer est venu…

Il était en retard pour cause de liaison.
Une panne d'essence lui servit de raison.

Moralité :
C'est un alibidon.

***

Avant d'accepter la turlute
Il veut savoir d'où vient la pute.

Moralité :
La fellation d'origine contrôlée.

***

Cet homme-là est obsédé.
Il n'agresse que les beautés
Et malgré sa méchanceté,
Aux laides il n'a jamais touché.

Moralité :
Il ne ferait pas de mal à une moche.

***

Fitness quand tu nous tiens...

Extrait de *Rapports sectuels*

... Arrivé au sixième étage, je longe une piscine, olympique en diable, et me présente à l'accueil « Fitness » où je remets mon « pass ».

– Passez en cabine avec Maeva, porte 3, elle vous attend.

Je frappe, Maeva m'ouvre. Je ne suis pas d'un naturel timide mais, non prévenu, et soudain face à un tel morceau de choix, je réalise l'exploit d'être à la fois dans mes petits souliers et à côté de mes pompes !

Elle, très à l'aise, me fait entrer avec le naturel d'une maîtresse de maison qui sait recevoir. De sa voix réglisse elle me glisse :

– Déshabillez-vous !

– Complètement ?

– Complètement !

Gracieuse mais ferme. Je ne me mets jamais nu en public, ça ferait trop d'heureuses à la fois, mais comme il s'agit d'une séance privée, j'obtempère. Ayant retrouvé mes esprits, et glissant un regard par le bord du rideau de la cabine, j'observe Maeva. C'est le genre de métisse qui ridiculise la pureté de la race. De plus, elle me fait le cadeau d'être nue sous sa blouse vert amande de semi-infirmière ; le bas en est judicieusement déboutonné et me sert un aperçu bronzé sur un monde troublant. Quand elle marche, elle est comme un standard téléphonique, toutes ses lignes sont occupées ; quant à ses seins, il faudrait un plastron en bâche molletonnée pour en émousser les pointes et en effacer le relief d'une fermeté généreuse. Elle disparaît derrière un claustra pour y préparer le jacuzzi.

Je l'entends rire et chantonner ; c'est frais comme un bruit de source à travers les feuillages. Elle revient, elle « me » revient, et me convoque d'un clin d'œil amusé. Je sors de la cabine, enveloppé dans un drap de bain, et je m'étends sur la table de massage, sauvegardant ce que je peux de mon intimité. Un laps de temps non mesurable s'écoule, pendant lequel je m'abandonne totalement à ces mains multiples, passant de la caresse la plus délicate au pétrissage le plus musclé en des alternances jubilatoires : un raccourci pour le paradis !

Je sens une vocation de pâte à modeler m'envahir le mental, mais elle me retourne et entame un massage des cuisses qui me sort de ma somnolence et provoque une montée de sève incontrôlable. Le drap de bain glisse de côté : elle découvre le poteau rose !

Une lueur d'admiration s'allume dans son regard (elle en sera généreusement récompensée), et l'on sent que dans sa jolie tête elle fredonne « God Save The King Size ». Moi, stupidement, je me crois obligé de trouver une explication philosophique à cet état majeur :

– Vous savez, Maeva, le sexe de l'homme est une sorte de doigt divin tendu vers le cosmos, celui de la femme est comme une oreille, sensible, à l'écoute des vibrations de l'univers...

– Ah bon ? Eh bien moi, on m'a crevé le tympan quand j'avais 13 ans !

Elle me prend de vitesse, je me récupère au mieux :

– Mais vous n'en êtes pas pour autant sourde à l'appel du sexe, j'espère ? Vous savez, « ceci » n'est que la « bande »-annonce d'un long métrage pour lequel je suis prêt à vous accorder une projection privée !

Pour toute réponse elle glisse la main sous le drap et entame un savant massage de la zone critique.

– Maeva, si vous prenez mon génitoire pour un boulier chinois, je vais vous faire réciter la table de multiplication !

– Je suis nulle en maths, vous devriez plutôt prendre votre guitare et me jouer *Jeux interdits* ; la musique adoucit les nurses, vous savez ?

– Les jeux interdits, je ne les joue pas, mais je les pratique volontiers ; voulez-vous que nous en fassions une partie ?

– C'est toujours très agréable de se réchauffer aux feux qu'on a allumés soi-même. Pour votre information il y a une cabine de bronzage biplace que je vais préparer afin de vous y ultra-violer...

Et elle s'échappe après m'avoir embrassé à pleine bouche, d'un baiser rond et chaud comme un soleil sucré... Il y a des femmes-plages qui attendent paresseusement ce que le flux de la vie va leur apporter. Il y a des femmes-vagues qui vous enveloppent en déferlant. Maeva, elle, est une femme-tempête qui emporte tout sur son passage. Mais ne nous plaignons pas que la marée soit trop belle, cette spontanéité, généreuse et vorace à la fois, va tellement bien à ce corps parfaitement *al dente* !

Elle m'a attiré dans la cabine « rayonnante » dont le confort luxueux fait vite oublier le côté un peu clinique. D'une seule main, je dégrafe les quelques boutons de sa blouse encore en activité, la tenant de l'autre fermement collée contre moi.

Je la couche lentement sur le matelas, et déjà l'on ne sait plus si la chaleur qui nous enveloppe vient des lampes à bronzer ou de sources plus obscures. Un parfum ocre blond monte de sa peau qu'une moiteur sensuelle irise, signe avant-coureur d'un échange culturel qui s'annonce d'un grand lyrisme. Expérimentant jusqu'à l'épuisement les différentes versions de la complémentarité des corps, nous passons des figures imposées aux figures libres dans un déchaînement paroxystique inoubliable. Ses petits cris, alternativement rauques ou voluptueux, soulignent en contrepoint les embardées folles de nos corps en fusion. Elle se régale de nos orgasmes simultanés, l'exprimant avec une naïveté délicieuse :

– J'adore qu'on me saute à pieds joints !

En guise d'approbation, je la gratifie d'une nouvelle excursion à deux dans l'inexprimable. Elle ruisselle de bonheur et lance un SOS flatteur en agitant le drapeau blanc d'un slip qu'elle a glané au hasard des coussins. Tout en lui murmurant ces mots sans importance que les femmes adorent, je parcours son corps à l'abandon, d'une main presque paternelle.

Lentement, je descends vers sa poitrine ; j'y effleure comme par mégarde ses deux détecteurs de caresse, traverse en flânant le rond-point de son nombril et, glissant sur son ventre comme un goéland qui se pose, j'atterris en douceur sur sa minicolline. Elle y a le brocoli généreux, en revanche, elle est lisse dans la vallée (comme dirait M. Honoré de la rue Balzac) ; je m'y attarde d'un doigt indolent mais précis. Elle n'y est pas insensible ; quand on réveille les sens, on endort la méfiance : elle se met à parler…

Je me suis trompé dans ma lettre.
J'ai dit : Je t'aimerai « longtemps »,
C'était « toujours » qu'il fallait mettre,
Et elle a pris un autre amant.

MORALITÉ :
Une erreur dramaticale.

***

Fille de joie trop parfumée,
On peut, de très loin, la humer.
Trouvant cela fort pour son nez,
Il l'a, cruel, assassinée.

MORALITÉ :
Il tue la poule aux odeurs.

***

C'est la fille du roi d'un fort joli pays.
Elle aime trop son père et voudrait le séduire,
Mais celui-ci, furieux, la fait vite éconduire.
Alors elle se venge et le tue sans un cri.

MORALITÉ :
C'est une princestueuse.

***

Ce n'est qu'un no-revoir

Extrait de *Le Chemin de l'orgueil*

– Salut, Josy, tout va bien ? La journée a été bonne ?

– Oui, comme d'hab, t'as fini le bois ?

– Oui, ça a été « massacre à la tronçonneuse ».

– Oui, je vois ; approche un peu que je te brosse, t'as de la sciure un peu partout.

Elle le dépoussière avec des gestes plus érotiques que fonctionnels.

– Cherche pas à me séduire, c'est déjà fait ; remarque, j'aime bien quand tu me caresses, ça me donne des soifs. Tiens, à propos, sers-moi donc un demi, ça en calmera au moins une...

– Écoute, Pierre, tu devrais pas trop frimer parce que, malgré tes signes extérieurs de virilité, t'es plutôt du genre timoré et côté initiatives j'ai toujours rien vu venir. Je suis trop vieille peut-être ?...

– Oh, t'as bien quelques rides qui font double emploi, mais c'est pas ça le problème. Michel est toujours là-haut et je sais que tu es attentive à chacun de ses soupirs en espérant que l'un d'eux sera le dernier, mais moi, tu sais, les futures veuves c'est pas ma tasse de thé. En revanche, une femme amoureuse, ça m'électrise le glandulaire et ça me déclenche le plan zizi pirate. Si tu m'avais dit dès le départ que t'étais prête à nous accueillir sous ta couette, moi et mes cinq membres, on déboulait tous par le premier charter, mais c'est trop tard, faut que je parte.

– Partir, mais pourquoi ça ?

– Cherche pas à comprendre, t'as pas le niveau... Enfin, je veux dire, c'est trop long à expliquer.

– En tout cas, ce que je comprends, c'est que tu veux partir juste après m'avoir dit des trucs qu'avaient fait de moi une zone érogène intégrale... Et cette zone, il est pas question d'en faire un no man's land, compris ? Alors moi, Josiane, je te demande de rester. C'est oui ou non ?

– C'est un ultimatum ?

– Non, c'est juste un sondage d'opinion. C'est pas parce que t'as bourlingué sur les océans de la délinquance que je vais jouer la Bretonne qui attend son pêcheur de mari au bout de la jetée... T'as mis le feu dans mes sous-bois et faudrait voir à sortir l'extincteur !

– Prend pas ça comme ça... tu sais bien que t'as une bouche à faire bander les tubes de rouge à lèvres et que, quand tu souris, ça m'épanouit le flamboyant... Mais là c'est du sérieux, une affaire d'hommes à régler en direct et moi, quand je baigne dans l'urgence, côté libido je joue à guichets fermés.

Josiane, les larmes aux yeux.

– Mais Pierre, c'est pas possible...

– Pleure pas comme ça, on dirait que tu viens de lire un roman russe... Tu sais, moi aussi je rêvais d'un petit bonheur bourgeois, bien molletonné, mais avoue qu'entre une fille des faubourgs et un loubard de banlieue, ça nous met quand même loin du centre-ville, non ?

– Pierre, t'es à côté de la plaque ; je sais que, si je monte dans la bagnole d'un mec qui conduit en rallye, faut pas que je m'étonne si ça chasse dans les virages, mais ce qui m'étonne c'est que tu sois prêt à quitter une femme qui t'ouvre son cœur, ses bras et toutes les dépendances pour aller t'occuper d'un type pas très clair... J'en arrive à me demander si par hasard tu serais pas un peu...

– Fais gaffe, Josy. Je sais, t'es pas une femme, t'es un événement, mais faudrait pas que les hormones te fassent déraper dans le vulgaire, je supporte pas et j'ai la musculature tellement affûtée que je ne sais pas frapper autrement que fort. Ça serait dommage ; côté intellect t'es pas trop performante, mais esthétiquement parlant tu fais toujours un très bon score et je voudrais pas gâcher tout ça pour un malentendu.

– Dis donc, pour un taciturne je vois que je t'inspire pas mal, mais faudrait pas oublier que la seule vraie question de notre scénario, c'est de savoir si on baise ou pas !

– Moi, les femmes, je les baise pas, je les tranquillise... et je vois que tu en as bien besoin.

– C'est vrai, mais justement ça ne me dit toujours pas si tu vas revenir...

– L'avenir nous le dira...

– Tu sais, l'avenir nous fait de belles promesses en chansons, mais quand le moment est venu de les tenir, il se souvient plus des paroles...

– Pas grave. L'essentiel, c'est que la musique soit belle...

Règlement de comptes

Extrait de *Les Douze « Moi » de Grégoire* (Max Milo)

je te vouvoie... tu me tues, toi
je t'assume... tu m'assommes
je te désire... tu me déchires
tu me délestes... je te déteste
mes demis pression... tes demi-vérités
tes vraies nattes... mes fausses notes
ton cou de biche... mes coups de barre
tes cashmeres... mon cauchemar
tes colères stériles... mon cholestérol
ton égoïsme... mon héroïsme
mes si longs cigares... tes si longs silences
tes nuits blanches... mes idées noires
ton indécence... mon incandescence
mes états d'homme... tes états d'âme
tu me trouves odieux... je t'envoie au diable
et tes désirs... sont mes désordres
tu as besoin de tranquillisants... j'ai besoin de tranquillité
alors un jour je me suis dit :
« on ne peut être juge et partie »
et j'ai choisi... je suis parti.

Desséché par le soleil
Il s'en va sur les chemins
Et les femmes s'émerveillent
De son beau corps parchemin.

MORALITÉ :
C'est un sec symbole.

***

Nos regards se sont juste croisés,
Ma jolie dame aux yeux si clairs.
Et avant que je l'aie demandée
Vous m'avez tendu la salière.

MORALITÉ :
C'était de la transmission de pincée.

***

Homosexuel et fier de l'être,
Il va lançant invitations
Pour tout jeune homme aimant la fête,
Et c'est gratuit en sa maison.

MORALITÉ :
C'est du pédévolat.

***

Bulletin mensuel des bouchers urgentistes

Communiqué : « On vient de trouver Boris Viandes pendu à un crochet de boucher dans le grenier de sa modeste demeure. »

Nous le savions accro à la viande, mais à ce point-là...

Près de lui, ce court message :

« Ne pleurez pas. Mourir c'est comme un steak trop cuit, c'est déplaisant sur le moment, mais le lendemain on n'y pense déjà plus. »

La rédaction venant de recevoir une lettre de Boris postée la veille de son geste irréparable, nous vous en donnons ci-après la teneur en version intégrale non expurgée.

« Messieurs et chers confrères, trouvez les quelques minutes qu'il faut pour me lire et vous me comprendrez.

Très jeune, j'avais la passion des animaux mais, au-delà des nounours, minous, girafes et autres peluches infantiles, celle qui a très tôt marqué ma vie affective est cette vache hilare qui figurait sur un petit fromage triangulaire et crémeux qui faisait les délices de mon quatre-heures. Je la sentais à la fois maternelle, sensuelle et enivrée d'une réelle joie de vivre. Cela déclencha en moi une passion inattendue, un culte qui ne fit que croître avec les années. Je créai même un site : www.vachilar.com.

J'étais sur le point de me trouver anormal quand je découvris que l'hindouisme avait sacralisé l'animal de mes obsessions ! Je venais tout simplement de rejoindre 900 millions de fétichistes reconnus... Cela décida de la nouvelle orientation de mon existence.

Freiné dans mes études par la peur d'en savoir trop, la vocation bouchère m'apparut comme une évidence, d'autant plus que la vache continuait d'être ignorée, voire méprisée, telle Io, vache mythologique emprisonnée à perpétuité derrière les grilles de mots croisés.

Ma décision fut vite prise : puisqu'il y avait des avocats commis d'office il y aurait un avocat commis boucher, et ce serait moi !

Tablier, blanc le matin, rouge le soir, enseigne aux deux couteaux croisés, bouchère pas gênée de vivre aux crochets de son mari, tout semblait réuni pour satisfaire ma passion bovine : la route du Rumsteck était ouverte...

Mon amour pour la vache put alors s'exprimer dans le plaisir que j'éprouvais à la manipuler, même si elle m'arrivait en pièces détachées, découpée suivant le pointillé si bien illustré dans l'almanach du boucher urgentiste.

Mais elle restait belle, écarlate, offerte mais sans abandon ; la voir, la sentir, la toucher, la goûter, et même l'entendre chuinter de plaisir sous la lame qui l'écartelait, c'était un festival de tous les sens, à la limite de l'arrache-cœur...

La vie allait donc suivre son cours sur le sentier non balisé des plaisirs secrets et authentiquement charnels. C'est ce que je croyais jusqu'au jour où elle arriva…

J'étais seul à la boutique ; elle entra avec assurance comme si elle se sentait déjà chez elle. Je me frottai les yeux, j'avais devant moi la femme bovinoïde de mes rêves adolescents. Un regard doux mais inexpressif, des cils à n'en plus finir, des lèvres brouteuses qu'animait un sourire herbivore, un cou splendide où l'on imaginait volontiers une cloche des alpages, des seins haut pendus, témoins d'une lactation généreusement offerte. C'était à ne pas y croire et pourtant, avec une lenteur à la sensualité contagieuse, elle s'approcha de moi. D'un seul coup, la cote de mes bas morceaux afficha une nette tendance à la hausse. Elle était la traduction en chair vivante de mes plus obscurs fantasmes. Aucun mot ne fut nécessaire. La chambre froide où je l'entraînai devint le plus torride des enfers, au grand dam d'un thermomètre plutôt conçu pour travailler dans le négatif.

Elle se dénuda. Ce fut la naissance de Vénus ou, mieux encore, la reconnaissance de Vénus Bovidus. Je retrouvais, comme en un puzzle réussi, tous les morceaux de choix qui m'étaient passés entre les mains, toutes ces composantes charnelles qui font le bonheur des hommes ! Les muscles, inertes sur le tranchoir, retrouvaient ici tout leur tonus et leur aptitude à la crampe que nous allions tirer ensemble…

Je la pris donc avec toutes les options de la rôtisserie du diable et à tous les niveaux de cuisson : crue, saignante, à point, bien cuite, à la broche et saisie en aller-retour, histoire de redonner tout son sens au mot « tournedos ».

Ayant épuisé le catalogue des pièces de choix et pénétré ses intimités les plus moelleuses, me vint à l'esprit cette pensée du philosophe : « La valeur d'un trou dépend essentiellement de la matière qui l'entoure », et là, la matière noble c'était la viande, sublimée par le désir, Viande avec un V comme Vie et comme Victoire...

Ma Vénus bovine vibrait de tout son être ; je l'autorisai à beugler son plaisir. Toute confite de gratitude, elle me remercia pour mes bons et aloyaux sévices, puis se dirigea vers la porte. Je tentai de bondir pour la retenir mais fus cloué par la voix autoritaire de la bouchère :

– Boris, tu t'es encore endormi sur le rôti, réveille-toi, y a une cliente !

Effectivement, il y avait une cliente qui eut la malencontreuse idée de prononcer la phrase la moins aphrodisiaque qui soit :

– Je voudrais du mou pour mon chat.

Rien de tel pour tuer un rêve ; le mien fut foudroyé. Impossible de lui survivre, alors, adieu...

Boris, avec un B comme Barbaque ou comme Bidoche... »

En ce beau début de printemps
Il a reçu de son amant
Trois brins de fleur d'un joli blanc
Qui l'ont touché énormément.

MORALITÉ :
L'ému gay du 1er mai.

***

Il rêvait d'aventures et d'océans sans fin.
Son amie serait mousse et lui serait marin,
Mais elle a disparu du jour au lendemain.
Sur une chaise longue il s'ennuie, tout chagrin.

MORALITÉ :
Transat en solitaire.

***

Fou d'amour et de passion,
C'est à la force de ses bras
Qu'il se hissa jusqu'au balcon
Mais, épuisé, il s'effondra.

MORALITÉ :
L'énergie du baisespoir.

***

Plus on est de fous

On n'a pas retrouvé le pyromane odieux
Et l'incendie menace la ville en tous lieux.
On fuit dans tous les sens, on implore les cieux :
Seule une grosse averse éteindrait tous ces feux.

Moralité :
Sauve qui pleut.

***

Avant que d'être dévorées
Six tranches de saucisse espiègles
Se sont un beau soir échappées
Pour faire une fiesta en règle.

Moralité :
L'heureux tour des six rondelles.

***

Avertissement !

Au moment où les châteaux de cartes de crédit s'écroulent mollement telles des serpillières, les experts sont unanimes : « Tout peut arriver », et ils ont raison.

Ça ne sera peut-être pas dans le bon ordre, mais tout arrivera à mauvais port.

En effet, que voyons-nous ?

– Un pays où l'on pose des radars tout en les signalant 500 mètres avant.

– Un pays où, dans un même immeuble, les feux de cheminée sont interdits mais le ramonage obligatoire.

– Un pays où l'on purifie l'eau avec le pastis.

– Un pays où la tenue de rigueur n'est pas obligatoire.

– Un pays où la fête du Travail ne coïncide pas avec la Saint-Urbain.

Il ne serait donc pas étonnant que, dans ce même pays, on voie à court terme :

– châtrer le mètre étalon ;

– assurer les dentistes pour les accidents de sagesse ;

– créer un impôt sur le bénéfice du doute ;

– rendre obligatoire le casque pour les vélos d'appartement ;

– interner les kangourous qui ont une poche revolver.

J'en sais beaucoup plus, mais je ne dirai pas tout.

À vous d'être vigilants…

Le lobby féministe s'infiltre dans notre littérature

Réagissons en virilisant nos textes comme celui qui suit :

« Le firmament est bleu outremer. En dilettante, je promène mon chien, ce mammifère familier, sur le macadam de la rue de Courcelles. Puis nous prenons l'ascenseur et je lui fais des mirabelles au bain-marie. »

Ce qui donne :

« Le firpapa est bleu outreper. En dilettoncle je promène mon chien, ce papifère hommilier sur le macamonsieur de la rue de Courcelui. Puis nous prenons l'ascenfrère et je lui fais des mirabeaux au bain-joseph. »

Ces hérissons sont très heureux,
Ils habitent dans un vieux pneu.

MORALITÉ :
Une chambre à hérisson.

***

Ce bel hercule aux bras gonflés
Était frileux comme un bambin.
Plongeant son coude en l'eau du bain
Il renonça : c'était glacé.

MORALITÉ :
Ce fut un coude épais dans l'eau.

***

La retraite au flambeur

Extrait de *Le Chemin de l'orgueil*

Mon vieux Georges,

À peine remis d'une sieste sans gravité, on me demande de dire quelques mots à l'occasion de ton départ à la retraite. Voilà, c'est fait. Mais avant de conclure, je voudrais quand même parler rapidement de ce que tu as été et de ce que tu vas devenir.

Freiné dans tes études par la crainte d'en savoir trop, tu as vite senti que la police pouvait être ton espace de révélation, et c'était très bien vu.

Cohérent dans tes interventions, tu n'as pas hésité à passer à tabac un trafiquant de cigarettes, ni à arrêter un plombier pour délit de fuites.

Tu es un fervent de la police de proximité : qu'il s'agisse des filles de la rue ou des contraventions, tu as su sauter les unes et faire sauter les autres avec le même enthousiasme.

Toujours fidèle au poste (surtout les soirs de match), fidèle aussi aux fautes d'orthographe dans les rapports comme à la Kronenbourg, ta blonde préférée, tu as toujours été un loyal compagnon.

Mon vieux Jojo, tu vas nous manquer ; tu nous quittes, tu quittes le grand cirque de la délinquance, ce spectacle grandiose et éternel qui oppose les flics et les hors-la-loi de toute nature. Je comprends ta nostalgie.

Fini, les coups gratuits dans les bars ou dans les plumards, fini, les filatures filandreuses et les fausses planques...

Privé de l'uniforme et de son prestige, tu vas maintenant te dissoudre dans la foule anonyme des gens honnêtes ou qui font semblant de l'être.

Nous te souhaitons pourtant bonne route car nous savons que tu te retires à Marseille, ta ville natale, où Notre-Dame-de-la-Garde-à-Vue veillera sur cette oisiveté nouvelle qui, sans être mère de toutes les vertus, sera en tout cas bien méritée.

J'oubliais : pour occuper tes désormais trop longues soirées, nous t'offrons ce jeu de scrabble en te rappelant, une dernière fois mais sans illusion, que le mot « commissariat » prend deux « m », et pas le mot « amitié » qui n'en prend qu'un...

C'est au nom de cette amitié, mon vieux Jojo, que nous te souhaitons une belle retraite, longue et sans souci comme une autoroute sans radar.

QI cuit…

Extrait de *Nous autres les surdoués*

Ayant eu la surprise de découvrir sur le site QI.com que j'avais un coefficient intellectuel exceptionnel de 140, j'ai décidé d'écrire un livre où je donnais un avis péremptoire sur toutes les grandes questions que se pose l'humanité.

Pendant que je mettais un « point » que je croyais « final » à cette œuvre encyclopédique m'est arrivé un e-mail de QI.com m'informant que, à la suite d'une erreur de transmission, le QI de 140 qui m'avait été attribué était faux, la réalité étant de 104 !

Voilà donc ce livre magnifique vidé de son sens pour une simple inversion de chiffres. Je suis d'accord : ça explique mais ça n'excuse pas. Je sens qu'on va me prendre pour un imposteur et je me retrouve tel que je le craignais, aléatoire, absurde, désespérément facultatif.

Je suis malheureux, telle une huître qui a perdu sa perle (hypo-pette). Le suicide comme issue ? Non, bien que mourir pour une faute de frappe ne manquerait pas de grandeur. Je vais tout simplement me réfugier dans un endroit que même la rumeur publique ne saurait atteindre.

Passant du statut de « surdoué » à celui de « tout juste doué », je me dois de poursuivre mon chemin en ajoutant une qualité à celles, nombreuses, que je possède déjà : l'humilité.

Dans le grand opéra de l'aventure humaine où je me croyais brillant soliste, me voici ramené au rang de choriste, pour ne pas dire de simple figurant. La vérité s'impose : je redeviens aussi modeste qu'une fontaine de village face aux chutes du Niagara.

Mais ce n'est pas trop grave, l'essentiel, c'est que l'eau soit potable.

Il n'a pas peur, il est très ferme
Quand pour un paquet de dollars
Il a mission de mettre un terme
À l'existence d'un lascar.

Moralité :
C'est un interruptueur.

***

Les baleines et les cachalots
Sont les maîtres de l'océan.
Se sentant plus forts et plus grands
Ils méprisent les bigorneaux.

Moralité :
Cétacé donc suffisant.

***

Le jeu du « À quoi reconnaît-on ? »

À titre d'exemple, nous avons retenu l'**alphabet** comme fil conducteur.
Mais d'autres itinéraires sont possibles.

À quoi reconnaît-on :

Qu'un **A** est sans sœur ? Qu'un **B**ar est au maître ?
Qu'un **C**hien est de fusil ? Qu'un **D**os est finnois ?
Qu'un **E**mploi est du temps ? Qu'un **F**aon est faron ?
Qu'un **G**ai est tapant ? Qu'une **H**ache est de guerre ?

De même, à quoi reconnaît-on :

Q'un **I**mper est turbable ? Qu'un **K** est de force majeure ?
Qu'un **L**oup est phoque ou qu'un **M**âle est faisan ?
Qu'un **N**éant est trompette et qu'une **O**deur est de sainteté ?
Qu'un **P**hare est felu ? Qu'une **Q**ueue est nouille ?
Qu'un **R**at est bout gris ? Qu'un **S**ein est tétique ?

Enfin, à quoi reconnaît-on :

Qu'un **T**ohu est bohu ? Qu'**U**n pont est d'érable ? Qu'un **V**it est goureux ?
Qu'un **W**agon est de queue ? Qu'un e**X** est sans trique ?
Que les **Y**eux sont brouillés et que les **Z**ouaves sont du Capitole ?

Mais avant de répondre à toutes ces questions, peut-être faut-il se poser la vraie question :
À quoi reconnaît-on qu'un **J**eu est de con ?

Brocantes

Extrait de *Nous autres les surdoués*

Ce matin il fait dimanche un peu partout en France et mon voisin Édouard, collectionneur maladif (boomerangs, lampes à souder, boutons de braguette, fers à friser, tiges de boîtes à ressort pour entretoises de pantographe, etc.), m'a supplié de l'accompagner pour une tournée de recherche dans les brocantes de la proche banlieue. Arrivés sur place, nous décidons d'une escale préparatoire au Bistro du Coin. En banlieue, tous les bistros sont « du coin ».

L'endroit est d'une convivialité discutable. Les tubes au néon en fin de carrière consentent quelques éclairs lugubres. Le bruit de la machine à café couvre à peine la quincaillerie sonore d'un flipper déglingué que maltraite un loubard mal rasé en mal de parties gratuites.

Tout est de la veille : les journaux, les croissants, les odeurs de tabac froid, les taches de vin et les mégots qui se sont réunis en petits comités au pied du bar pour protester contre l'arrivée d'un improbable coup de balai.

Quand on n'a rien à se reprocher, on n'hésite pas à parler haut et fort pour passer sa commande :

– Deux espressi, s'il vous plaît !

Édouard, impressionné par ma maîtrise des pluriels cisalpins, me confie :

– Vous savez, je ne suis pas seulement collectionneur, je suis aussi créateur d'objets contradictoires…

– Cher ami, vous piquez ma curiosité ! De quoi s'agit-il ?

– Oh, essentiellement de maquettes : voiture de pompiers en allumettes (neuves, bien sûr), sous-marin en liège, ou alors un rétroviseur transparent, une éponge imperméabilisée et un parapluie en filet…

– Idées superbes ! Vous êtes au cœur de l'art conceptuel !

– Je ne suis pas mécontent non plus de ma lampe d'appoint qui permet de lire l'heure la nuit sur les cadrans solaires, ni de mon aquarium à roulettes pour promener les poissons rouges. En revanche, je me suis ruiné dans la mise au point d'haltères de voyage gonflables. Beaucoup plus faciles à transporter, ils perdent énormément de leur efficacité pour ce qui est de la musculation… Les ventes n'ont pas suivi, un échec.

– Que cela n'altère pas votre enthousiasme créatif, votre démarche peut vous mener très loin !

C'est fou ce qu'on peut être hypocrite par moments…

Il éternuait toujours si fort
Qu'un beau matin il en est mort.

MORALITÉ :
Repos éternuel.

***

C'est un vrai drame sur la piste,
Il est tombé l'équilibriste !
Dans un véhicule adapté
Par chance on a pu l'emmener.

MORALITÉ :
C'était une funambulance.

***

Masse idoine de fruits

On trouve des cors de chasse, mais pas de cors de pêche, ce qui est sectaire.

En revanche, il y a des cannes à pêche, mais pas de cannes à pomme.

Alors qu'il y a des pommes d'Adam, mais pas de fraises d'Adam ni de pommes d'Ève, ce qui est sexiste.

En revanche, sur l'Adam on trouve la fraise du dentiste, mais pas la poire qui, elle, est le plus souvent à lavement, alors qu'il n'y a pas de melon à lavement.

En revanche, il y a des chapeaux melon, mais pas de chapeaux noisette, alors qu'il y a des casse-noisettes, mais pas de casse-cerises.

En revanche, la cerise trône sur le gâteau, mais pas le citron, qui est généralement trop pressé, ni l'ananas.

Mais la nana sait que la nuit porte groseille, et ce n'est pas parce que la groseille est à maquereau qu'il faut en conclure que les mirabelles de nuit sont toutes des figues de joie.

Méfions-nous donc de l'apache kiwi car, si certains papillons sont des pruneaux d'agent, une chose est sûre : le raisin du plus fort est toujours le meilleur.

Dans ce pays le président
Prend la parole à tout moment.
Il est si monotone et lent
Que l'on s'endort en un instant.

MORALITÉ :
C'est l'ennui public n° 1.

***

Il a fondé sa secte et c'est un pélican
Qui, grâce à ses mensonges, a fait tant de fervents
Qu'il a dû se greffer pour mettre son argent
Une poche ventrale, en cuir, sur le devant.

MORALITÉ :
Un pélikangourou.

***

Honneur aux 20 Q

Si, sous prétexte que quoi que je fasse
il y a toujours quelqu'un de qualifié
qui le ferait mieux que moi,
je m'abstiens de faire quoi que ce soit,
au lieu de me sentir vraiment quelqu'un
je me sentirai quasiment quelconque,
ce qui est dommage car, quoi qu'il en soit,
et sans quiproquo,
j'aurai été le premier au monde
à caser 20 « q » dans une même phrase.

Critiques d'art

« Gurkenschwanz, dans une combinaison étonnante d'objets très hétéroclites *a priori* et qui le restent *a posteriori*, nous prend au dépourvu car c'est le seul endroit qu'il a trouvé pour le faire. Dans un chaos fractal fait de matières et de couleurs, de creux et de reliefs, de noir et de blanc, d'ombres et de lumières, de surfaces et de volumes, il crée un monde impénétrable, un enchevêtrement de données incohérentes certes, mais qui sont à l'image même de notre société sans issues ni références (cliché journalistique toujours très payant dans le contemporain).

Le tout constitue une vertigineuse interrogation, une énorme question qu'il nous pose, à même le sol, nous laissant le soin, si nous le pouvons, d'y donner une réponse. »

« Stockengurk au contraire, avec une économie de moyens qui frise le sordide, dégage des espaces désertiques où rien n'accroche le regard, laissant notre propre imagination, sans repères comme l'est notre société désorientée (*idem*), se substituer au nihilisme créatif de l'artiste qui n'en revient pas et nous non plus.

L'incompréhension que certaines œuvres peuvent produire relève de la volonté délibérée de l'artiste de créer un élément d'inaccessibilité, donc de fascination. Il élimine ainsi le risque d'être compris qui serait la pire des condamnations. »

Il rêvait de mourir en des combats glorieux,
Mais une maladie le terrassa au pieu.

MORALITÉ :
Mort alité.

***

Participes présants

Une pointe d'humour, c'est piquant.
Un obèse qui rit, c'est bidonnant.
Boucler sa ceinture, c'est sanglant.

Se faire gifler, c'est frappant.
Un culbuto, c'est renversant.
Une caresse, c'est touchant.

Jouer au voleur, c'est prenant.
Faire du jogging, c'est courant.
Un cep de vigne, c'est tordant.

Prendre au collet, c'est saisissant.
Faire la moisson, c'est gerbant.
Un niais ému, c'est con fondant.

Jouer au loto, c'est boules-versant.
Un mari génial, c'est époux-stouflant.
Choisir des moufles, c'est un tri-gants.

Le cri d'un blessé, c'est perd sang.
Une longue attente, c'est inquiet temps.
Arroser le départ, c'est en train, quand ?

Botter les fesses, c'est prêt ? au cul… pan !
Un hindou décoiffé, c'est perd turban.
Trop de jeux de mots, c'est âme usant.

Une fouille, c'est désarmant.
Les trous noirs, c'est troublant !
Le 1er janvier, c'est jourdelant !

Mais...
Pourquoi le premier jour d'une année serait-il le seul à pouvoir jourdeler ?
Chaque jour qui se lève n'a-t-il pas aussi le droit de le faire en jourdelant ?
Alors jourdelons, mes frères, et faisons de chaque soir de cette nouvelle année le joyeux réveillon d'un lendemain festif.
La nouvelle année n'en sera que plus belle...

Je compte sur vous.
Grégoire

BONUS LITTÉRAIRE

POÈME CHEVELU

Oh ! vadocliffe asplane ! Tu flires dans le dvany
Et gloupant la spitume au vradoum amophère,
tu moustifes l'édiflanque dont le trival apige.
Astague… Astague ? Astague !
Ibore maté de plique filuté du cramousse
tu t'adoles au curdite et schlanves à l'asphiplute.
Toujours dans les cophrames,
sipure de ta romblie,
tu jofniras l'arsingue et,
dans la palmanie des routiflettes synacongues,
tu fougiras l'arlotte au roudoudou siflongue…

Ce texte, d'une grande beauté formelle, recèle un large spectre d'émotions contenues et de révoltes en phase ultime de pré-ignition.

La richesse de son vocabulaire et l'audace de sa construction le rendent cependant quelque peu inaccessible au vulgaire et, osons le dire, totalement hermétique au mal-comprenant.

Il nous a donc semblé urgent d'en révéler le contenu dans toute son intensité, recourant à des formules plus familières, en évitant cependant ces simplifications mutilantes qui sont de véritables trahisons.

Voici donc cette relecture commentée.

OH!

Exclamation, dont le but, indiscutablement atteint, est d'introduire la phrase suivante. Il crée de plus un suspense initial et, en filigrane, une angoisse qui saisit le lecteur mais ne le fait pas fuir.

VADOCLIFFE ASPLANE

L'asplanéité du vadocliffe a rarement été évoquée avec une telle force. Placée en début de poème, il s'agit là d'une véritable mise en demeure qui peut désorienter le lecteur. **Certains y ont même vu une provocation, mais il s'agirait alors d'une anticipation à rebours assez difficile à concevoir en ce siècle nouveau.**

TU FLIRES

Tu : pronom personnel, deuxième personne du singulier. **Ce tutoiement va très au-delà de la licence poétique** puisqu'il laisse percevoir une **familiarité trompeuse,** pour ne pas dire **inquiétante**. Il faudra avoir l'œil, car ne flire pas qui veut !

DANS LE DVANY

C'est-à-dire à l'intérieur même du dvany; ce qui, bien entendu, **surprend** puisque dans la mythologie grégorienne le dvany est le plus souvent abordé par un jeu subtil d'incidences successives d'origine externe et savamment maîtrisées. Il y a donc une **dérive sournoise** dont il est prématuré de dire si elle est **consciente ou non.**

ET

Conjonction de coordination dont la banalité n'exclut pas la réelle efficacité et qui se trouve être ici à la charnière entre deux idées fondamentales mais contradictoires, générant ainsi un **magma paradoxal** dont le lecteur ne sait déjà plus comment s'extraire.

GLOUPANT LA SPITUME

Comment ne pas admirer cette audacieuse utilisation d'un participe d'autant plus présent qu'il s'exerce en direct **sur la spitume qui n'en revient pas d'être ainsi gloupée** ?!

AU VRADOUM AMOPHÈRE

Chacun le sait, tous les vradoums ne sont pas amophères mais, bravant les intempéries, l'auteur nous plonge dans **un climat d'expectative où le métabolisme immunitaire est mis à rude épreuve car**... tel est son mauvais plaisir !

TU MOUSTIFES L'ÉDIFLANQUE

Le tutoiement se trouve ici confirmé, une sorte de piqûre de rappel qui lève un coin du voile : **manifestement, le poète règle ses comptes** et il n'y va pas de main morte ! **Moustifer l'édiflanque en plein poème est une provocation à la limite de l'acceptable, mais quelle audace !** Traçant ainsi d'une géniale estafilade la ligne de démarcation entre **le « pas assez » et le « trop peu », l'auteur nous laisse sur notre soif**, se réservant de l'étancher généreusement, mais plus tard, beaucoup plus tard...

DONT LE TRIVAL APIGE

Dont : contraction de « duquel », introduit le trival qui apparaît, malgré lui, comme un simple appendice puisqu'il « apige ». **Il flotte ici un léger parfum de superflu...** Mais n'y a-t-il pas des circonstances où le superflu s'avère indispensable ?

ASTAGUE... ASTAGUE ? ASTAGUE !

Enfin la célèbre série de trois Astagues ! Le premier, **neutre** mais déjà significatif, posé comme une première pierre; le **deuxième, interrogatif, laissant affleurer une crainte réelle dont le lecteur, complice**, souhaite déjà qu'elle soit justifiée; puis le troisième, **catégorique**, qui claque comme une gifle, un réquisitoire sans appel! **La pression monte, oui, mais vers quoi, vers qui?**

IBORE MATÉ DE PLIQUE

L'image est audacieuse, elle surprend par sa relative douceur dans un contexte où **la violence créative sanctifie la décomposition du monde**. Le lecteur averti aura vite décelé **la forte connotation sexuelle** qui transpire au travers de cette phrase d'une phallacieuse transparence.

FILUTÉ DU CRAMOUSSE

Une pointe d'humour au beau milieu de la semaine! L'auteur ne se refuse rien! Il nous promène à sa guise et nous le suivons, incapables que nous sommes de **trouver notre propre cap**... Faudra-t-il encore attendre longtemps pour, enfin, savoir? Patience, demain n'est pas l'ennemi d'aujourd'hui...

TU T'ADOLES AU CURDITE

C'était à craindre! **Les sous-entendus font surface et pas en douceur! C'est un défi à la mort** qui jaillit des profondeurs du texte, aussi percutant **qu'un coup d'épaule dans une porte de cimetière**. Défi grandiose, certes, mais sommes-nous vraiment prêts à le relever?

ET SCHLANVES À L'ASPHIPLUTE

Un hymne à la vie qui répond au vers précédent et en prolonge le message. Bien illustré par l'image de **l'asphiplute qui s'offre nu** aux rayons d'un astre non identifié. On n'a pas pu en relever le numéro mais, rassurons-nous, l'enquête suit son cours.

TOUJOURS DANS LES COPHRAMES

Ce « toujours » balaie tous les « jamais » du monde, libérant ainsi la foule de ces cophrames qui, depuis la rentrée de septembre, attendaient ce geste symbolique. **Il n'est effectivement pas admissible qu'une question, même filandreuse, reste sans point d'interrogation.**

SIPURE DE TA ROMBLIE

Un bémol bien sûr, mais quel bémol ! De ceux qui nous protègent de l'enthousiasme frauduleux des gourous de pacotille... **Il fallait du courage** pour introduire ici **la romblie** alors qu'il y a tant de place ailleurs !

TU JOFNIRAS L'ARSINGUE

Dans la balance de la vie le passé pèse toujours trop lourd, l'arsingue en sait quelque chose. Le poète pousse ici l'optimisme un peu loin. Pourtant il est loyal, ne cache pas son jeu **et ouvre au vadocliffe des perspectives**, que dis-je, des horizons multiples qui explosent en un camaïeu de bleus qui, par chance, vont très bien **avec la couleur de la moquette.**

ET DANS LA PALMANIE DES ROUTIFLETTES SYNACONGUES...

C'est clair, nous subissons de plein fouet **le charme absolu de la cohérence anarchisante : un alexandrin de quatorze pieds** ! Ces deux pieds, en subrécargues, nous permettent de faire un pas de plus vers une **perception ternaire du rythme de cette phrase,** dont la sous-jacence se trouve ainsi révélée. Un chef-d'œuvre de valsogénèse qui centrifuge les fantasmes **et les relocalise aux frontières de l'indicible**, leur vraie patrie.

TU FOUGIRAS L'ARLOTTE

C'est plus qu'une affirmation, c'est un ordre ! La reprise en main est évidente, elle est ferme, carrément autoritaire, mais elle a le **mérite d'architecturer le rêve, de sacraliser l'utopie**, renvoyant à leur foyer les empailleurs d'occasions perdues. **Vous serez bien d'accord avec moi : il était temps !**

AU ROUDOUDOU SIFLONGUE !

La surprise est de taille ! Nous voici au bord **d'un orgasme métaphysique** que nous attendions sans y croire et que, hypocritement, nous avions fait semblant de pressentir. **Nous payons maintenant l'ambiguïté de notre attitude**, nous sommes maintenant pétrifiés de stupeur devant ce qui aurait dû n'être qu'une évidence : **le Roudoudou est et restera siflongue !**

Voilà ! Tout était simple et nous n'avons pas su le voir ! C'est donc face à nos propres contradictions que nous nous retrouvons à la fin de ce parcours initiatique.

C'était prévisible et nous nous sommes cependant laissé surprendre par ce bas-relief, haut en couleur, dont la silhouette se détache en noir sur le ciel émeraude de nos illusions. Belle performance de l'auteur.

Mais n'est-ce pas la mission du poète que d'enrubanner le prévisible et de cristalliser l'insaisissable ?

Euphorismes

Extrait de *Les Euphorismes de Grégoire* (Max Milo)

C'est toujours les meilleurs
qui s'en vont.
alors qu'est-ce qu'on fout ici ?

On gagne beaucoup de temps
en faisant semblant de comprendre
au lieu de demander des explications.

Le droit d'expression est à l'individu
ce que la braguette est à l'exhibitionniste.

Le soleil et moi,
nous nous sommes mis d'accord.
Quand il s'agit de se lever,
c'est ou lui ou moi.

L'oisiveté est mère de tous les vices,
mais le travail
n'en est pas pour autant
père de toutes les vertus.

❦

Ça ne sert à rien d'enculer les mouches,
elles n'y prennent aucun plaisir.

❦

Le dépucelage n'est jamais que la victoire
d'un membre sur une membrane.

❦

Pour les femmes, rien ne se perd,
rien de secret.

❦

Il ne faut pas tirer gloire
d'atteindre une cible
que l'on n'a pas visée,
mais on peut toujours en tirer profit.

❦

La vie est un clafoutis
dont les cerises
ne sont pas toutes sans noyau.

❦

Un eunuque décapité
ça n'a ni queue ni tête.

❧

Le cheveu peut être
à l'origine d'une calvitie grave
quand il cesse d'être nombreux.

❧

À partir d'un certain âge
on peut déjà faire preuve
d'une grande sérénilité.

❧

En amour, les femmes ne savent pas
ce qu'elles veulent, mais elles sont
fermement décidées à l'obtenir.

❧

On sait rarement
combien pèse une balance.

❧

Le plus grave reproche que je puisse faire
à une femme qui me quitte,
c'est de ne pas me manquer.

❧

Il y a des gens tellement agités
qu'ils n'arrivent même pas
à faire une seule chose à la fois.

On doit se sentir dans l'impasse
quand on n'a qu'un œuf
et qu'on ne veut pas le mettre
dans le même panier.

Je me méfie des femmes
qui mettent trop longtemps
à me décevoir.

Il s'est gavé de rossignols
dans l'espoir de mieux chanter,
de poissons, dans l'espoir de mieux nager,
et de lièvres, dans l'espoir de mieux courir.
Mais qu'est-ce qu'il a bien pu bouffer
pour être aussi con ?

Une crème désopilatoire
n'a jamais fait tomber
le poil qu'on a dans la main.

La nuit porte conseil.
La journée porte ouverte.
La cuisse porte-jarretelles.
Tout porte à boire.

❦

Une oie qui fait du pédalo
se prend facilement
pour un cygne.

❦

Il y a des villes où l'on ne trouve rien
sauf le temps long.

❦

Vouloir c'est pouvoir !
La preuve ? Moi.
Je fais ce que je veux
quand je peux.

❦

Virginité n'est pas synonyme de vertu.
Une vigne, aussi vierge soit-elle,
est toujours prête à grimper
sur le premier mur venu.

❦

Il y a peu de coopération
entre les animaux.
Un froid de canard n'a jamais
calmé un chaud lapin.

Dans cette vie je m'amuse beaucoup,
mais je le fais exprès.

Entrer dans l'âge adulte,
c'est aborder les territoires d'outre-mère.

Il y a un point sur le i
du mot point.
Cela frise le pléonasme, non ?

Il y a recrudescence de cambriolages
quand le syndicat de la serrurerie
organise une journée portes ouvertes.

Curieusement, il y a des compétitions
où la banane est plus recherchée
pour sa peau que pour son fruit.

On est inquiet à Hollywood :
l'homme invisible a disparu.

❦

L'homme est capable de mutations
étonnamment rapides.
Ainsi, à peine a-t-il quitté son véhicule
que l'automobiliste revêt, à s'y méprendre,
toutes les apparences d'un piéton.

❦

Le remonte-pente est au soutien-gorge
ce que le tire-fesses est au string.

❦

Un virage, c'est une ligne droite
qui change d'avis au dernier moment.

❦

En médecine ferroviaire,
le butoir est considéré comme
une extinction de voie.

❦

Pas besoin d'être artilleur pour savoir
que les filles canon deviennent
rapidement des boulets.

❦

Il y a des pays où
l'artisanat local a tout intérêt
à le rester.

Pêcher avec une ligne sans hameçon
met à l'abri de longs conflits inutiles
avec le poisson.

Vous avez lu *Le Soulier de satin* ?
Savate soie !

On prend des risques si l'on pose
une échelle de Richter
contre un mur lézardé.

Les tout derniers stades
de l'évolution humaine
sont des stades de foot.

Celui qui ne vit que de dessous-de-table
doit savoir ramper, surtout si c'est
une table basse.

Un clou qui n'a pas de vices
est bon pour le service.
Mais une vis qui n'a pas de pas
ne vaut pas un clou en tant que vis.

❦

L'escampette est une poudre qui,
mise dans un liquide,
provoque des fuites.

❦

Ce n'est pas parce qu'un cobra
remue la queue qu'il est content.

❦

Le bruit court
qu'on peut avoir une vie sexuelle
sans avoir lu Freud.

❦

C'est quand même scandaleux
qu'un chauffard meurtrier
puisse être libéré
pour bonne conduite !

❦

Que celui qui n'a jamais volé de cerises
me crache le premier noyau !

❦

Le dévolu a été le premier
objet jetable de l'humanité.

J'ai voulu écrire un roman épistolaire.
J'ai vite arrêté.
Ça me coûtait trop cher en timbres.

Parfois, on dirait que les chiens
qui ont rapporté le gibier
attendent un pourboire.

Quand on lui demande :
« Pourquoi restes-tu avec ce type odieux ? »,
elle répond :
« Parce queue ! »

Le vétérinaire est un médecin
qui ne vous soignera
que si vous avez l'air bête.

Mis en pages par DV Arts Graphiques à La Rochelle
Imprimé en France par la Nouvelle Imprimerie Laballery
Dépôt légal : mai 2012
N° d'édition : 2201 – N° d'impression : 204114
ISBN 978-2-7491-2201-4